A Cabala e a Ascensão

Canalizado por David K. Miller

A Cabala e a Ascensão

Tradução:
Soraya Borges de Freitas

MADRAS®

Publicado originalmente em inglês sob o título *Kaballa and the Ascension* por Light Technology Publishing.
© 2011, David Miller.
Direitos de edição e tradução para todos os países de língua portuguesa.
Tradução autorizada do inglês.
© 2022, Madras Editora Ltda.

Editor:
Wagner Veneziani Costa (*in memoriam*)

Produção e Capa:
Equipe Técnica Madras

Imagem da capa:
Millennium Tree (Tree of Peace), de Josephine Wall (www.JosephineWall.com)

Tradução:
Soraya Borges de Freitas

Revisão da Tradução:
Karina Gercke

Revisão:
Ana Paula Luccisano
Barbara Veneziani

Dados Internacionais de Catalogação na Publicação (CIP)
(Câmara Brasileira do Livro, SP, Brasil)

Miller, David K.
A cabala e a ascensão/David K. Miller;
tradução Soraya Borges de Freitas. – São Paulo:
Madras Editora, 2021.
Título original: Kaballan and the ascension

ISBN 978-65-5620-029-3

1. Cabala 2. Espiritualidade 3. Filosofia
I. Título.

21-83926   CDD-296.16

Índices para catálogo sistemático:
1. Cabala: Espiritualidade 296.16
Aline Graziele Benitez – Bibliotecária – CRB-1/3129

É proibida a reprodução total ou parcial desta obra, de qualquer forma ou por qualquer meio eletrônico, mecânico, inclusive por meio de processos xerográficos, incluindo ainda o uso da internet, sem a permissão expressa da Madras Editora, na pessoa de seu editor (Lei nº 9.610, de 19/2/1998).

Todos os direitos desta edição, em língua portuguesa, reservados pela

MADRAS EDITORA LTDA.
Rua Paulo Gonçalves, 88 — Santana
CEP: 02403-020 — São Paulo/SP
Tel.: (11) 2281-5555 — (11) 98128-7754
www.madras.com.br

ÍNDICE

Prefácio 11
   O Eu Superior 11
   Outros Seres Querem se Comunicar Conosco 13
   A Importância da Canalização 14

1. Cabala e o Desenvolvimento da Alma 15
   O Eu Animal 16
   Como Canalizar Mestres e Professores do Passado 18
   O Esplendor da Luz 19
   Entendimento com a Energia do Coração 21

2. O Trabalho do Caminho 23
   O Papel da Orientação Divina 24
   Sugestões para o Trabalho do Caminho 26

3. Psicologia da Alma 29
   Sua Resistência ao Conhecimento Espiritual 30
   O Conflito da Crença 31
   O Milagre das Lições Aprendidas 32

4. O Plano Etéreo 35
   O Estado de Expansão 36
   Supere Sua Apreensão: os Estados Elevados o Exaltam 38
   Como Acessar o Plano Etéreo 39

5. Como Levar Seu Campo Eletromagnético
para um Plano Superior 43
   A Questão da Ascensão 45

6. Como Ancorar a Energia 49
   Os Passos em Seu Caminho Divino 50
   A Rota do Seu Propósito de Alma 52
   Abra Seu Coração 54

7. Carma e Graça Durante a Ascensão 57
   Como Superar Bloqueios Cármicos 58
   A Presença Eu Sou 59
   A Energia da Graça 61
   Você Tem Muitos Nomes 63

8. Sistemas de Crença e Ascensão:
não Olhe para Trás! 65
   Sua Perspectiva sobre os Sistemas de Crença 65
   Há mais de um Caminho 67
   Acredite no Criador 68
   Ninguém Tem Todas as Respostas 69
   Nós Estamos Fazendo Preparações para Você 71
   Mantenha seu Foco Adiante 73
   O Início da Ascensão 74

9. Adão-Eva Kadmon 77
   Ajustes para a Ascensão 77
   Cura com a Luz Azul 79
   Como Acessar a Energia Manifestada 80

10. Como Desbloquear Seus Códigos Genéticos 83
   Uma Energia de Transformação 84
   Sons para Alinhamento 85
   Abra-se à Transformação 87

11. A VIAGEM MERKAVA.. 89
    Meditação Merkava.. 90
12. COMO SER UM RECEPTÁCULO DE LUZ 93
    Aprenda a Ser um Receptáculo................................ 94
    Você é um Cocriador.. 95
13. PENSAMENTO GENÉTICO E MERKAVA 97
    União com o Plano da Luz 98
14. OS CURANDEIROS E A CURA................................... 101
    A Missão é a Cura 102
    Grandes Curas Disponíveis 103
    Superação da Resistência 104
    Como Trabalhar com a Energia da Luz..................105
15. O PERDÃO 107
    O Corpo Emocional...107
    Permita-se a Transformação 109
16. B'NAI ELOHIM.. 111
    Seu Papel no Desenvolvimento da Alma................112
    Transformação do Dia Cósmico.............................113
    Você Pode Participar..114
17. AMOR UNIVERSAL E A ZONA NULA........................117
    Abra-se para Receber a Luz 117
    A Frequência de Amor Universal...........................118
    A Música das Luzes...120
18. TRABALHO DE LUZ 123
    Ame a Terra como a Sua Mãe 123
    Como Curar as Áreas Onde Vive 124
    Mudanças na Terra...126

19. Adão Kadmon e a Luz Zohar 127
   O Ser Perfeito 128
   A Busca por Harmonia e Luz 129
   Dualidade e Polaridade 131
   O Ponto de Separação 133
   A Evolução do Protótipo Humano 134
   Sua Forma na Quinta Dimensão 135
   Interações entre Dimensões 136

20. Unificação 139
   Libertação 139
   Códigos do Triângulo Sagrado 140
   Um Lugar Sagrado 142
   A Primeira Luz 143

21. A Cabala 145
   A Luz do Esplendor 146
   Receba a Luz 147
   A Beleza da Viagem de Luz 149

22. Como Acelerar Sua Ativação 151
   Como Desbloquear Códigos Genéticos 152
   Ativação da Ascensão 153

23. A Ascensão e a Árvore da Vida 157
   Interpretação da Árvore da Vida 157
   A Perfeição de Deus 159
   Energia Superior 160
   A Unificação dos Planos 162
   A Esfera de *Tifereth* 163

24. A Árvore da Vida: Compaixão e Julgamento 167
   Às Vezes a Dor Não Resulta em Ganho 168
   Princípios Quintidimensionais
   de uma Sociedade Justa 170

Espiritualidade Galáctica 172
A Cabala Pode Ajudá-lo a Manifestar Seu Destino 173
Como Trazer a Luz Superior para a Terceira Dimensão 175

GLOSSÁRIO 177

NOTAS SOBRE A PRONÚNCIA HEBRAICA 187

NOTAS SOBRE A ÁRVORE DA VIDA 189

Prefácio

A canalização é um fenômeno tanto moderno quanto histórico encontrado em todas as épocas e culturas. Por toda a história, a canalização veio até nós de várias formas, incluindo por meio de médiuns, xamãs, adivinhos, visionários e oráculos. Há também uma longa história de canalização na Cabala, o principal ramo do misticismo judaico. Estudei Cabala por mais de 25 anos. Fui criado como judeu e, como sempre fui fascinado pela língua hebraica, adquiri um conhecimento moderado de hebraico bíblico, incluindo o conhecimento do alfabeto e das orações hebraicas, ingredientes essenciais no trabalho cabalístico.

As frases principais de uma importante oração hebraica estão sendo usadas por estudantes das Chaves de Enoch para alcançar níveis elevados de consciência. As palavras sagradas "Santo, Santo, Santo [é] o Senhor das Hostes" (*Kadosh, Kadosh, Kadosh Adonai Tzevaoth*) são palavras poderosas – as quais podem elevar seu nível de consciência. Fiquei empolgado ao descobrir que os Arcturianos e os Pleiadianos também usam o nome hebraico de Deus, *Adonai*, quando se referem ao Criador. Muitas das frases hebraicas têm origens galácticas, principalmente essas poderosas.

O Eu Superior

Estudei Psicologia por muitos anos e me interessei pelos estados alterados de consciência, pela espiritualidade e pelos estados de transe. Como psicoterapeuta, observei e estudei o estado de transe – denominado na psicoterapia estado hipnótico – e a indução ao transe. Sei que esse estado pode ser uma ferramenta poderosa para curar problemas psicológicos e espirituais.

Em 1987, mudei-me com minha esposa Gudrun para o Arizona. Estava fascinado pelas oportunidades espirituais em Sedona, Arizona, e comecei a assistir a palestras e sessões de canalização. Muitas pessoas estavam engajadas no processo, o que me fascinava. Ao mesmo tempo, soube que muitos dos antigos rabinos também se dedicavam à canalização! Eles se referiam ao processo de mediunidade por transe como fala automática. Era muito comum na Palestina do século V um aluno de Cabala deitar-se sobre o túmulo de um mestre antigo na esperança de receber a informação dele.

Outros rabinos famosos, como Joseph Karo, praticavam a canalização em segredo e até escreveram vários livros canalizados. Alguns desses rabinos acreditavam que conseguiam canalizar a *Shekhinah* ou o espírito feminino do Senhor. Em geral, essa canalização era mantida em segredo. Karo, por exemplo, era especialista em lei judaica e muito respeitado por sua obra, o *Shulhran Aruch* ou a Mesa Posta, uma descrição legalista da lei judaica no século V. A maioria dos judeus, bem como a população em geral, não sabe de sua prática paralela de canalização.

Os materiais de Seth e Lazarus me influenciaram, bem como as canalizações por meio de Norma Milanovich e Barbara Marciniak (autoras de *We, the Arcturians* e *Bringers of the Dawn*, respectivamente). A Cabala admite o conceito de consciência superior, ou eu superior, como um condutor para acessar planos elevados. O eu superior, ou *Neshamah*, é usado na canalização para acessar a luz superior. Os cabalistas também acreditam em reencarnação. Embora a Cabala não mencione o assunto de seres extraplanetários, fala sobre as famílias de alma e os espíritos falecidos de mestres voltando para ajudar os alunos. Eles até levam em conta o conceito de entrantes, porque acreditam que uma pessoa pode ser possuída por outro espírito – chamado de *dybbuk*, no caso de espíritos maus, ou *ibburs*, para espíritos bons.

Outros Seres Querem se Comunicar Conosco

Canalizei espontaneamente pela primeira vez acampando em Sublime Point, margem na norte do Grand Canyon, em 1991. A energia naquele ponto do cânion era incrível. Fiquei energizado e comecei a relatar informações à minha esposa sobre suas vidas e relacionamentos passados. Durante e após a experiência, tive uma sensação incrível de bem-estar. Senti-me animado e ansioso para continuar. Quando comecei minha canalização, não tinha ideia de que traria muitos guias diferentes e, desde 1991, continuei a canalizar regularmente. Como gravei as sessões de canalização, transcrevê-las se tornaria o próximo passo lógico. Eu tinha a esperança de que um dia usaria o material em um livro.

Creio ser importante chamar a atenção para a questão de se a canalização é real ou se o canal está em meio a um estado psicótico de fuga. A psicose implica uma diminuição geral da capacidade de alguém perceber a realidade normal. Nossa consciência desperta é um tipo de realidade. O mundo dos sonhos é um exemplo de outro estado alterado no qual ocorre a recepção telepática de mensagem. Portanto, acredito que o canal pode "entrar com sanidade em outros planos", tirando energia valiosa e nova dos planos externos. O fato de os rabinos antigos praticarem a canalização acrescenta cadência ao processo. Na verdade, pode-se argumentar que os primeiros profetas e santos antigos também eram canais de luz e energia dos planos superiores. Alguns dos canais notáveis do século XX são: Edgar Cayce, Alice Bailey, Ruth Montgomery e Arthur Ford.

Para aceitar a canalização, é necessário deixar de lado crenças convencionais. Deve-se acreditar que nossa consciência pode entrar em outras dimensões, que há seres de outras dimensões fora do alcance normal da nossa consciência que desejam se comunicar conosco, que há reencarnação e vida após a morte e que esses seres estão interessados em se comunicar conosco. Por fim, deve-se acreditar na existência de outros seres no universo – ou extraterrestres, se preferir – que também querem se comunicar conosco.

Na minha canalização, tento receber informação de todos os seres superiores – seres bem respeitados. Desse modo, se alguém ouve comentários de um arcanjo, então a pessoa certamente se sente honrada e aberta às mensagens. É mais provável que respeitemos e prestemos mais atenção às mensagens vindas de outra dimensão? Acho que, em geral, as pessoas abertas à canalização parecem mesmo respeitar uma mensagem de um ser superior. No entanto, devemos sempre manter o discernimento em quaisquer mensagens que recebermos.

Estou intrigado pela longa história de canalização na cultura ocidental e na Cabala. Creio que há agora uma necessidade de entrar nos planos superiores com nossa consciência. É importante fazer isso por causa das mudanças iminentes no planeta. Novos conhecimentos e energia de cura podem nos ser transmitidos para auxiliar nas mudanças futuras na Terra.

A Importância da Canalização

As sessões de canalização deste livro aconteceram em Prescott, no Arizona. Foi estimulante e revigorante a experiência de canalizar e escrever estas palestras. Minha esposa Gudrun foi uma ótima assistente, ajudando a transcrever as sessões. Ela também deu um apoio emocional positivo e me encorajou durante o processo.

Acho que está na hora de a Psicologia moderna e a religião considerarem o fenômeno da canalização com seriedade. Afinal, muitos místicos famosos foram adeptos poderosos e influentes de estados alterados de consciência. Eu mesmo não represento nenhuma escola de misticismo. Em vez disso, considero-me um estudante da consciência espiritual e mística, interessado em obter e manter níveis elevados de ser.

Atualmente moro com minha esposa Gudrun em Prescott, Arizona. O foco da minha canalização inclui a ascensão e a integração do misticismo com o desenvolvimento da alma.

Capítulo 1

Cabala e o Desenvolvimento da Alma

Nabur[1]

Temos o prazer em vir aqui conversar sobre os diferentes níveis de desenvolvimento da alma. Queremos falar sobre o eu superior, o eu mediano e o eu inferior. Queremos explicar também um pouco sobre a experiência de canalização. Você sabe que todos estão aptos a passar por essa experiência. Não é algo distante; é parte do seu caminho. É algo que cada um de vocês pode usar para sintonizar seus mestres. Isso é útil principalmente agora, pois seus guias e mestres têm informações específicas que o ajudarão. Estamos com vocês, e esta é uma época muito empolgante em termos das mudanças tremendas que estão acontecendo. É importante que você consiga acessar a informação determinada para o nível da sua alma.

Cada um de vocês pertence a um grupo de alma específico. Muitos já estão cientes de alguns de seus irmãos e irmãs no nível da alma. Aqueles do seu grupo são particularmente capazes de transmitir informações que o auxiliarão a ressoar com eles. Quero enfatizar a palavra "ressoar". Estamos tentando ajudá-lo a aprender a ressoar

---

1. Nabur é um rabino cabalista e mestre de canalização em uma vida passada.

com a frequência específica que pertença à sua alma. Há também outras almas que podem ressoar na sua frequência e que o ajudarão a elevar sua consciência.

Estamos falando da Cabala e das frequências próprias da língua hebraica que auxiliam a sintonizar suas vibrações de alma. O hebraico é um idioma galáctico especial que foi trazido à Terra há muitos séculos. Há certos sons que ressoam com o núcleo galáctico e ajudam a absorver a energia do Criador. Isso é importantíssimo. Muitos dos sons por si sós, mesmo que você não conheça seus significados, podem colocá-lo em um estado de consciência mais elevado. Quando você estiver nesse estado, poderá acessar seu eu superior. É isso que você deve fazer. Esse é um dos motivos pelos quais está encarnando agora – para que possa acessar seu eu superior e sintonizar-se com o Criador.

Como um aquecimento, vamos usar a palavra hebraica *Atah* para ajudá-lo a elevar suas vibrações. Estamos pedindo-lhe para repetir esta palavra: "*Atah... Atah... Atah*".[2]

Ao pronunciar essa palavra, você sente a energia percorrer toda a sua coluna. Sente um círculo de energia em volta de seu campo áurico. Enquanto pronuncia a palavra *Atah*, ela vibra em seu campo áurico e sua aura começará a se expandir. Ao se expandir, ela está se abrindo, permitindo que você receba informação em um nível superior. Isso ajuda quando você está tentando acessar campos energéticos superiores.

O Eu Animal

Há três níveis do eu. Um deles é o inferior, chamado por alguns de eu animal. Isso soa como se você fosse igual ao animal, o que é verdade em certo sentido – você é um animal em suas ações cotidianas, e suas habilidades de sobrevivência são governadas por esse aspecto. Mas seu eu inferior tem uma habilidade única: pode se misturar com seu eu mediano. Você só conseguirá entrar no eu mediano se o eu inferior conseguir acessar essa energia.

---

2. *Atah*: tu ou palavra hebraica para "tu ou você". No *Amidah*, a famosa oração da liturgia judaica, a primeira benção de abertura, é chamada Ancestrais. Ela começa assim: "Bendito sejas Tu, ó Senhor...".

Muitas pessoas no planeta lutam para colocar sua saúde física em equilíbrio. Há uma ideia errada de que você deve estar com uma saúde física perfeita para ressoar com a energia mais elevada. Ora, é claro que é desejável estar com uma saúde física perfeita, mas, sejamos realistas, nem todas as pessoas terão uma harmonia física completa nesse instante. Isso se deve em parte ao fato de que a Terra está poluída neste momento e há muitas substâncias químicas afetando seu corpo. Deve-se também em parte à radiação ultravioleta afetando seu campo áurico. Por fim, é raríssimo estar 100% em harmonia. Então, fique com o melhor nível que puder conseguir.

Mesmo se você estiver inválido ou até se tiver uma doença como o câncer, ainda assim pode ressoar em um nível bem elevado. Então, não ache que se você não estiver totalmente saudável fisicamente ou se tiver uma doença grave não conseguirá atingir o nível mais elevado. Claro que consegue! Na verdade, às vezes a doença o impulsiona a entrar em um nível elevado de energia. Por outro lado, você pode estar com uma saúde física perfeita – e ter seu eu animal em perfeita harmonia – e ainda assim não conseguir alcançar os níveis mais elevados. Quando você entrar no nível mediano e naqueles mais elevados, começará a acessar os campos energéticos superiores e poderá trazer para si a energia da alma, o que poderá ajudá-lo a aprender mais sobre si mesmo. Você conseguirá acessar a energia que expandirá seu corpo de luz.

E o que quero dizer com corpo de luz? O corpo de luz é aquela parte do seu eu superior que descerá e se juntará ao seu eu inferior. De fato, esta é a mensagem da Cabala: você pode receber a si mesmo. Não estou dizendo para ser egoísta ou narcisista. O que estou afirmando é que você tem um corpo de luz mais elevado, capaz de combinar e mesclar o seu eu inferior neste plano. Quando puder fazer isso, você terá acesso aos segredos inenarráveis do universo e às energias fantásticas, além de poder transcender seu ego físico e entrar em estados de energia mais elevados.

Quando falamos em canalização, quando trabalhamos com o canal ou ajudamos outros a canalizar, o que fazemos é ajudar você, o pesquisador, a acessar seu eu superior. Quando você estiver nesse estado, poderá acessar os campos energéticos das outras entidades que estejam na mesma ressonância. Agora vou voltar ao termo "ressonância". Ao acessar estados de energia mais elevados, você prepara seu corpo físico para que possa ressonar com seu eu superior. Só então seu eu superior poderá ressonar com as outras energias. Enquanto você acessa a energia superior, essa energia só é tão poderosa quanto a conexão que você faz. Seu corpo, sua presença física e sua mente se tornam as ferramentas. Sua mente, voz e fala funcionam como um computador para a energia que atravessa. Se houver uma falha no computador ou se faltarem certas palavras no vocabulário dele, então essas palavras não podem ser trazidas.

Como Canalizar Mestres e Professores do Passado

Quero falar sobre os mestres do passado e a Cabala. Um dos aspectos importantes do estudo da Cabala é canalizar mestres e professores do passado. Muitos cabalistas estavam interessados em trabalhar com os mestres ancestrais que poderiam canalizar. A canalização era uma experiência bem comum na Antiguidade. Até um ou dois séculos atrás, muitos ainda se dedicavam ativamente à canalização e a usavam de modo predominante como um meio de obter informações específicas.

A canalização necessita de algumas defesas. Se você estiver canalizando, precisa sentir que está trazendo energia superior. Deve haver uma sensação de proteção de quaisquer entidades negativas que possam interferir. Além disso, você deve perceber que está canalizando para um propósito específico: expandir sua energia de luz e campos energéticos, bem como daqueles que o ouvem. É importantíssimo que você mantenha essas ideias em mente.

Nós queremos trabalhar mais com sons, pois, por mais que possamos lhe dar palavras, as vibrações sonoras são até mais poderosas para abrir sua mente. Vamos trabalhar agora com o som de *Hu*.[3]

---

3. *Hu*: palavra hebraica para "ele". Nas orações, pode se referir ao Criador.

Coloque a mão sobre seu terceiro olho[4] e vibre seu chacra do terceiro olho enquanto pronuncia: "*Hu... Hu... Huuu... Huuuu...*". Harmonize-se com sua energia agora. Estamos trabalhando para abrir seu campo energético, o terceiro olho em particular, porque, quando ele estiver aberto, você conseguirá receber mais informação. Quando um campo energético se abre, os outros também precisam estar abertos, embora às vezes seja mais difícil abrir o segundo.

Nós queremos ir para o chacra coronário.[5] Esse chacra pode ser aberto com a palavra hebraica para nosso pai – *Adonai* ou Senhor. Diga: "*Adonai... Adonai... Adonai...*".

Houve uma abertura agora no planeta pela qual você consegue atingir os mais elevados campos energéticos se tiver a concentração apropriada e usar os sons adequados. Isso não requer anos e anos de estudo ou prática. O prazo para estar na Terra é limitado. Estamos prestes a ter grandes mudanças de energia e grandes agitações. Se você conseguir acessar sua energia mais elevada – se conseguir acessar a energia do Criador e abrir-se para receber informação do seu eu superior – então, é importante que faça isso. É importante para você e para o planeta. Você quer entrar na sua melhor forma espiritual possível.

Muitos de vocês já estão passando por graves problemas físicos e desequilíbrios. Isso vai continuar, uma vez que o campo energético ao redor do planeta tem muita flutuação, o que torna bem difícil manter um equilíbrio.

O Esplendor da Luz

Agora falemos sobre ser capaz de entrar em contato com o eu superior, que na Cabala é chamado *neshamah*.[6] Com o *neshamah*, você consegue acessar suas habilidades psíquicas no nível mais elevado. Consegue olhar para o futuro. Consegue olhar para o passado.

---

4. Terceiro olho: o chacra *Ajna*, localizado no centro da testa. Esse chacra reflete a polaridade de *Binah-Chokmah*, a segunda e a terceira *Sephirot* na Árvore da Vida.
5. Chacra coronário: o chacra *Sahasrara*, localizado na fontanela, no topo do crânio. Esse chacra reflete a unidade de *Kether*, a primeira *Sephirah* na Árvore da Vida.
6. *Neshamah*: a mais elevada dentre as três partes da alma. Significa literalmente "respiração" ou "espírito". É o poder intuitivo que conecta a humanidade com o Criador.

Consegue olhar para os passados e os futuros dos outros. Ora, isso parece uma habilidade extraordinária, mas não é. É um dom. É algo que todos podem fazer. Você tem o código genético para isso, possui a estrutura mental, a habilidade de alinhar seus corpos mentais e tem o precedente histórico. Seu único bloqueio é a crença de que está fora do seu alcance. Não está. Cada um de vocês pode olhar para os outros e para si e vivenciar vidas passadas.

Muitas pessoas se surpreendem quando descobrem que a Cabala e o *Zohar*[7] se originaram na energia galáctica. Você não está sozinho no universo. Muita da informação que chegou a este planeta vem de outras fontes. Há uma linguagem universal e sons galácticos, muitos dos quais estão em hebraico. O termo *Zohar*, por exemplo, refere-se à luz ou ao esplendor da luz.

Muito do que estamos prestes a fazer como seres espirituais tem a ver com luz. Há várias ramificações distintas de luz. Há muitos raios de luz diferentes e bastante luz disponível. As pessoas falam sobre a escuridão que está agora no plano terrestre – o ódio, a estupidez, a poluição e assim por diante. Mas a luz pode penetrar até na escuridão. Agora você pode aplicar mais da sua própria luz. O fundamental é aplicar a luz do seu corpo luminoso e do seu eu superior.

Quero falar agora sobre a abertura do coração. O caminho da luz, aquele que ascende, baseia-se no seu chacra cardíaco.[8] O chacra cardíaco fica no centro da Árvore da Vida. É lá que você pode acessar todas as energias disponíveis, incluindo as energias da forma mais elevada. Acessando a esfera cardíaca, você pode receber uma lasca, uma faísca, de todas as outras esferas.

É um erro acreditar que você pode fazer este trabalho sem abrir seu coração. O coração é a chave para a alma. A energia do coração e sua habilidade em amar a si e aos outros são de vital importância. A forma mais elevada de amor é o amor da energia do Criador, nosso Pai/Mãe. Quando você consegue tocar nesse amor, terá o amor que o ajudará a se aceitar e se amar.

---

7. *Zohar: o Livro do Esplendor*, um guia de um místico espanhol do século XII ao Cabalismo.
8. Chacra cardíaco: o chacra *Anahata* localiza-se ao longo do meridiano central, perto do coração. Reflete o equilíbrio de *Tiphareth*, a sexta *Sephirah* da Árvore da Vida.

Entendimento com a Energia do Coração

A dificuldade em amar o Criador decorre do fato de você muitas vezes se perder tentando entendê-Lo com sua mente. Esse é um exercício intelectual maravilhoso, um exercício filosófico incrível. Produziram-se volumes e mais volumes de belos escritos. Mas, na verdadeira Cabala e no verdadeiro caminho do misticismo, os seres humanos compreendem o amor do Criador com a energia do coração. Quando isso é alcançado, você não consegue explicar; não é capaz de descrever.

Quero que experimente por um momento o amor do Criador, *Adonai,* no seu coração e veja como se sente. Você pode achar que o primeiro passo no processo é receber o amor do Criador pessoalmente. Isso é poderosíssimo se você conseguir abrir seu chacra cardíaco para esse amor. Ele o preencherá.

Agora quero que sinta o amor do Criador. Se conseguir, quero que sinta a centelha de luz que iniciou a criação. Essa centelha é a substância da sua alma. Você está no caminho para perceber seu lugar na criação, e o caminho de luz o ajudará a se alinhar com suas famílias de alma. Uma das principais crenças da Cabala é de que você faz parte de famílias de alma, e algumas delas estão em outras dimensões. Elas estão ansiosas esperando seu retorno.

"Atah" é uma palavra ou apenas um som?

Atah é a palavra hebraica para "tu" e com ela nos referimos ao Criador. Falamos do Criador como "Tu". Você pode usar muitas formas e vibrações para invocar a energia do Criador. Basicamente, você está anunciando que está pronto para vibrar sua aura no comprimento de onda da energia do Criador. Você pode utilizar qualquer um dos muitos nomes de Deus para fazer isso.

O que podemos usar para nos expandirmos para a energia do Criador?

Cada um de vocês ressoa com um nome de Deus específico, com sons particulares que funcionam para você melhor do que para outros. Você terá de testar para ver qual é a melhor escolha. A energia do *atah* é um dos sons básicos e você pode praticá-lo nas suas meditações. Muitos de vocês conhecem as meditações com mantra dos iogues, nas quais eles pronunciam *Om*, por exemplo. O som *atah* é tão poderoso quanto e o despertará nos campos vibratórios bem mais rápido. Sugerimos que escolha o som com o qual você se identificar mais e o use. Tente dizê-lo baixinho ou pronunciá-lo em voz alta. Pronuncie-o mentalmente ou visualize em uma tela. Obviamente, você vai querer estar em um estado meditativo. Alguns podem usá-lo quando se sentirem em perigo. Você pode estar dirigindo pela estrada e achar que um carro vai bater no seu. Diga *atah* e de repente seu campo energético começará a se expandir e uma luz branca se projetará para fora. Você então terá um escudo de energia para o proteger.

Há muitas formas diferentes de usar os sons, mas achamos que é importante que o som seja vocalizado, mesmo se você o vocalizar para si mesmo bem baixinho. Deve haver uma expressão efetiva do som.[9] Esta é uma das belezas do hebraico. Os sons estão em um comprimento de onda vibratório especial que ressoa com um campo energético específico, o qual ajudará a expandir seu campo energético.

---

9. Veja em Notas sobre a Pronúncia Hebraica uma breve discussão sobre a latinização e a pronúncia das palavras hebraicas encontradas no texto.

Capítulo 2

O Trabalho do Caminho

Sanda[10]

Ajuda muito se preparar para entrar em transe. Fazendo isso, você se abre para receber informação. Você está trabalhando diligentemente no seu caminho, e muitos de vocês estão curiosos sobre seus caminhos, perguntando-se se estão no caminho certo e como continuar a desenvolver e aprimorar seu trabalho. Os caminhos que mantém são como portais para diferentes planos espirituais. Cada caminho trilhado tem um benefício e uma experiência específicos para você que intensificarão ao máximo o desenvolvimento da sua alma.

Vamos analisar a questão de como a dor que as pessoas sentem nesta encarnação pode ser benéfica. Devemos entender que escolhemos caminhos com base em como eles intensificam o desenvolvimento da nossa alma, não necessariamente fundamentados no quanto eles podem ser dolorosos. Alguns terão dor, mas não se pode medir o sucesso de um caminho pela quantidade de dor que se sente;

---

10. Sananda é aquele que conhecemos como Mestre Jesus. *Joshua ben Miriam* – Jesus, filho de Maria – é considerado o maior cabalista de todos os tempos. Ele escolheu um novo nome – Sananda – para representar uma imagem galáctica e evoluída de quem ele é agora. "Minha missão na Terra é servir como um veículo para aquela consciência crística que ancorou o amor na Terra..." Dorothy Roeder, *Reach for Us* (Sedona, AZ: Light Technology Publishing, 1995), 93.

em vez disso, dá para medir o sucesso de um caminho analisando se ele eleva ou não o nível da sua alma. Esse é, na verdade, o verdadeiro teste de um caminho.

Alguns de vocês trilharam caminhos em que conseguiram ter muito sucesso material. Porém, mesmo que as coisas tenham vindo com facilidade financeiramente, você não se desenvolveu. Alguns de vocês estão em caminhos de alma cheios de aparente facilidade material para que tenham a oportunidade de desenvolver o livre-arbítrio para estudar ou, talvez, até ir em novas direções. A oportunidade nesses casos depende de você desenvolver. Você tem então a habilidade de realizar seus propósitos de alma e ampliar seus caminhos. Muitos agora têm a oportunidade de terminar uma ampliação do desenvolvimento da sua alma.

Várias pessoas ao seu redor estão envolvidas com o trabalho espiritual, mas deve-se entender que há muitas almas no planeta que não têm nenhuma percepção de trabalho espiritual nem possui sensibilidades espirituais. Essa é a condição geral no planeta. Mesmo se você se envolve em estudos religiosos, não necessariamente compreende o caminho da sua alma, e essa compreensão é a peça final que deve integrar para completar sua missão.

Volumes podem ser escritos sobre a alma, sobre o que significa ter uma e o que significa perder contato com ela. Perder o contato com sua alma é uma condição pior do que ter uma vida dolorosa repleta de pobreza. Avalie uma vida não de acordo com a dor, mas sim se há um contato de alma significativo, apesar das lições dolorosas. Pode ser que lições específicas tenham vindo pela dor em razão de processos de pensamento equivocados que agora podem ser modificados.

O Papel da Orientação Divina

Cada caminho é diferente. Cada um segue seu caminho da melhor forma que souber. No entanto, você não está verificando e recebendo mensagens com toda a calma que poderia. É importantíssimo fazer isso. Um dos aspectos mais belos da Cabala e do Tarô é que eles oferecem gráficos de caminhos mostrando níveis diferentes. Eles podem ser boas ferramentas de estudo, proporcionando uma amostra visual dos estágios que você percorre nas encarnações.

O trabalho do caminho envolve compreender que o materialismo é uma ilusão. Cada um abordará o materialismo de um nível diferente. Alguns tentarão entendê-lo como uma ilusão e podem decidir não ter bens materiais. Alguns terão bens, mas simplesmente decidirão que eles não são importantes. Outros terão bens materiais e serão influenciados por eles a ponto de perder seu contato espiritual. Todos os aspectos do materialismo devem ser avaliados se eles impedem ou não seu contato espiritual. Se você não tiver bens materiais e ainda perder o contato com sua alma, então não conquistou nada realmente. Se tiver bens materiais e um ótimo contato com sua alma, então não é prejudicado pelos bens. Você pode aproveitar as coisas materiais e continuar a progredir.

O trabalho do caminho básico inclui uma compreensão da vida e da morte. Algumas pessoas não conseguem ir além de uma compreensão básica do ciclo de vida e morte. Muitos ainda não apreciam que é um milagre existir aqui, principalmente quando se considera a improbabilidade de uma forma de vida estar naquele local exato em um planeta determinado, em um sistema estelar específico.

É realmente um milagre que nossa vida pessoal tenha evoluído a um ponto no qual você pode permanecer saudável, dados os incalculáveis fatores interventores que ocorrem em uma encarnação. Saber isso lhe daria uma sensação de que a vida não seria possível sem orientação e intervenção divinas. Houve muitos momentos na sua vida em que você poderia ter morrido ou contraído uma doença grave. É importante entender e aceitar que a orientação divina desempenha um papel na sua vida. Ao mesmo tempo, pode existir uma percepção de separação, uma ansiedade de que não há mais vida. Perder sua percepção de orientação divina pode levar ao medo de que, após esta encarnação, ficaremos sem existência.

É importante ter noção do que você pode fazer – o que é único em nossas habilidades e como você pode ser mais útil. Esse nível de consciência se desenvolve quando nos concentramos na missão de serviço, incluindo o serviço para si mesmo. Não erre: servir a si é uma missão preciosa. Cada alma que encarna deve passar por certos estágios de desenvolvimento e atingir um nível específico para se elevar. Embora haja muitas pessoas para ajudar, não se deve subestimar a necessidade de servir a si, porque ao fazer isso você favorecerá o desenvolvimento da sua alma. Isso não é egoísmo; é parte do caminho. Se não fosse importante se servir, por que outros guias e entidades se importariam em servi-lo? Essa é uma pergunta muito relevante para se fazer. Você é importante! Se não achar isso, então por que os mestres se importariam em passar tempo com você?

Quando lidamos com essa situação do serviço, devemos entender que se pode servir aos outros de várias maneiras. Pode ser em níveis elevados, dando instruções e ensinamento, ou simplesmente ajudando de formas materiais ou físicas. O importante é que o serviço e o trabalho do caminho lhe dão um senso de crescimento e expansão.

Sugestões para o Trabalho do Caminho

Você disse antes que precisamos fazer uma checagem contínua de nossos caminhos, e sugeriu que usássemos a Cabala e o Tarô. Devemos utilizá-los da forma tradicional?

O que estou dizendo é que a Cabala e o Tarô são representações de um trabalho do caminho. Não estou afirmando que são a resposta final. Eles são alguns dos modelos que estão disponíveis; pode haver outros. Você pode usá-los como um trampolim para entender o trabalho do caminho.

Há outras formas de discernir se você está no caminho correto ou não?

Não há uma ferramenta única que possa indicar se você está no caminho correto. Há muitas ferramentas para *conscientizá-lo* dos caminhos. Certos povos nativos americanos, por exemplo, chegam a uma percepção de seus caminhos usando meditações, buscas por visões, saunas naturais e caminhadas. Eles utilizam estágios arquetípicos universais do desenvolvimento da alma. Desse modo, pode-se ver que uma perspectiva mais ampla ajuda – uma que englobe uma compreensão maior do que apenas a encarnação atual. Permita-se receber mais informação sobre seu trabalho do caminho de guias pessoais em meditações.

Capítulo 3

Psicologia da Alma

Vywamus

Gostaríamos de falar sobre psicologia da alma. Por mais que falemos sobre níveis mais elevados de energia e sobre a luz, você ainda volta para muitos dos problemas psicológicos que tem nos níveis inferior e médio da alma. Esses são os problemas com os quais luta diariamente, e os problemas que escapam à sua atenção ou que não quer reconhecer em si, geralmente, têm importância espiritual.

Em vida anteriores, muitos passaram para estados de energia mais elevados apenas para cair de lá porque não trabalharam esses "pequenos" problemas. Naquela época em que foram chamados de pequenos bloqueios e não se deu muita importância a eles. Mas você logo se viu em uma posição um tanto embaraçosa ou em uma posição da qual não parecia ter saída. Então perdeu seu poder espiritual e a habilidade de vibrar em ondas de energia mais elevadas. Por isso é tão importante trabalhar esses problemas agora. Não ache que simplesmente por ser um problema da alma inferior ou da personalidade inferior, ele não seja crucial. Não considere que a personalidade média não é importante. Esses problemas que você tem – alguns dos quais são problemas psicológicos – são muito importantes.

Sua Resistência ao Conhecimento Espiritual

Agora surge a questão: "Por que esses problemas acontecem? Por que você tem esses problemas na vida? Qual a importância deles?" Alguns podem dizer que a pessoa pediu pelo problema para aprender uma lição. Não foi bom oferecer para si mesmo uma lição tão difícil? Bem, essa é uma forma interessante de ver isso, mas quando se está no meio da lição, então ela parece mais difícil. Você quer que ela termine imediatamente. Na verdade, dá para pular a lição se você alterar e expandir sua consciência. Então você poderá dar o próximo passo de crescimento. Quando se expande a consciência e se reconhece a lição pessoal necessária, o problema e sua importância não dominarão sua vida. Quando reconhece a lição pessoal, o problema com o qual luta ganhará sua perspectiva adequada.

Sua reação ao problema é tão importante quanto o problema em si. Pense no problema número um da sua vida hoje. Agora pense na sua reação a ele. Consegue relatar qual é sua reação ao problema? Você teve uma chance de aprender uma grande verdade espiritual. Pode ficar mais sábio e vivo espiritualmente se aprender a resolver o problema. Qual é sua reação? Está aberto a resolver isso?

Muitos podem ficar relutantes. É verdade que se pode ganhar conhecimento espiritual; você quer acesso a um conhecimento e a energias superiores. Mas em se tratando de trabalhar em seus problemas pessoais, há resistência. Por quê? O motivo para isso é a relutância em passar por uma experiência difícil. Essa reação é o que cria a resistência. Neste plano, você sabe muito sobre resistência. A resistência é gerada por você mesmo. Ela é como uma bola de neve descendo uma montanha, aumentando cada vez mais de tamanho. Muitos psicólogos desenvolveram uma ótima teoria que tem uma importância espiritual: para auxiliar as pessoas a crescer psicologicamente, você tem de ajudá-las a lidar com a resistência. Que belo pensamento!

A maioria de vocês não queria vir para esta encarnação. Queriam ficar onde estavam. Era como estar no útero da mãe e então ser expulso! Quem quer deixar esse lugar confortável? Quem está confortável demais não cresce, mas ninguém quer deixar seu conforto. No entanto, não há garantia de que o conforto continuará para sempre. Tenho um grande respeito e admiração por sua coragem em voltar e lidar com esta encarnação para continuar a se debater com seus problemas de alma.

O Conflito da Crença

Direi também que há uma lei geral a ser observada: quanto maior for a reação, mais importante esse problema é no seu caminho espiritual. Que ótimo indicador você possui! Eu diria que você não quer os problemas que tem. Embora saiba que eles tenham potencial para lhe conceder grandes dádivas espirituais e ótimas aberturas de caminho, ainda pode não sentir que vale a pena essa luta.

Isso o traz de volta ao princípio básico dos sistemas de crença e a seu corpo mental: a fonte de grande parte de seu conflito. É preciso ficar em paz com esses problemas. Você pode mudá-los trabalhando com seus sistemas de crença. Também pode se abrir para o que precisa aprender. Vou pedir para cada um de vocês me dizer que lição precisa aprender com seus problemas pessoais. Afirme:

Não estou preso ao resultado.
Sei que não estou no controle.
Aceito a verdade do meu corpo.
Eu relaxo e confio.
Sei que serei guiado para onde preciso ir com isso.
Tenho fé em mim mesmo.

Que belas lições! Se eu disser que eu tinha um grupo de pessoas trabalhando nessas lições, você não ficaria impressionado? Não pensaria que eles evoluíram muito? [Risos.] Então, por que você não está impressionado consigo mesmo? Essas são questões de alma centrais nas quais você deve trabalhar. Você está bem ali com os principais elementos do seu crescimento espiritual.

Sua resistência também é mais fácil de superar quando consegue compartilhá-la em um grupo. Quando você conseguir ganhar uma perspectiva diferente sobre si e o problema, então ficará satisfeito. Será possível conduzir o problema até chegar a uma conclusão mais rápida. Ficar empacado simplesmente significa que não há movimento.

Há apenas duas formas para sair de um problema: você pode mudar ou as pessoas que causam o problema podem mudar. Você tem controle sobre si, sobre como muda e interpreta os eventos. Mas tem pouco controle sobre a outra parte. Quando você se transforma, as energias interagindo entre o problema e você ficam diferentes. Quantos de vocês acreditam que podem afetar o resultado por meio de atitudes, perspectivas e pelo modo como consideram o problema? Seus pensamentos podem criar desfechos possíveis. Quantos ainda enfatizam os resultados negativos? Não tenha medo de admitir. Não usaremos isso contra você.

O Milagre das Lições Aprendidas

Se eu disser que enfatizar os resultados negativos aumenta a possibilidade de que eles se realizem, você ainda faria isso? Há uma forma de se virar com esse problema do pensamento negativo. Você precisa analisar da perspectiva da alma por que está nessa situação e qual é a lição. Seria uma boa ideia anotar a lição em um pedaço de papel e colocá-lo na parede para que possa olhar para ele todos os dias. Lembre-se desta lição: você controla sua reação ao problema. As crenças são muito poderosas.

Elas são tão poderosas que poderiam até afetar o resultado. É verdade que você não controla tudo, mas ainda é um participante disso e pode ter um efeito no resultado com sua atitude. Você sabe que pessoas morrendo de câncer têm remissões milagrosas. Isso ocorre porque elas mudaram suas perspectivas. Você veio para esta encarnação para trabalhar nesses problemas, e quando consegue determinar a lição, então está no meio do caminho do processo.

Neste momento você pode perguntar: "Do que eu preciso para aprender a lição finalmente?" A última palavra é muito importante: "finalmente". Você provavelmente teve esse problema em outra vida, mas não aprendeu. Agora tem outra chance de fazer isso. Vamos enfim fazer isso. Se não puder responder à questão do que você precisa fazer, então medite sobre ela. O envolvimento da sua alma é tamanho que você quer resolver esse problema o mais rápido possível, e isso vai acontecer assim que conseguir aprender a lição.

Mesmo que o problema inteiro não desapareça, você pode encontrar algum alívio. O campo de energia ao redor do problema diminuirá e você ficará muito surpreso com a quantidade de energia negativa que deixará de aparecer no seu caminho. Então, terá mais energia para se concentrar no trabalho espiritual.

Capítulo 4

O Plano Etéreo

Sananda

Falaremos agora sobre o plano etéreo. Ele pode ser considerado a interface entre sua terceira dimensão e a quinta dimensão. Nesse plano, é mais fácil para entrarmos em contato com vocês. Muitos ainda têm resistência em entrar em planos superiores, mas você ainda pode experimentar partes do plano etéreo durante o sono, por meio de sonhos. No entanto, esse é apenas um aspecto do plano etéreo e, às vezes, mesmo esse aspecto da sua experiência no sonho é repleto de densidades da terceira dimensão.

O plano etéreo é aquele que vibra na próxima frequência mais elevada comparada àquela com a qual você está familiarizado agora na terceira dimensão. Quando você começar a sentir o plano superior, sentirá uma experiência vibracional em si e nos outros. Começará a ver campos energéticos ao redor das outras pessoas. Sentirá ou verá, de fato, as auras em volta delas.

Em si, começará a sentir de um modo bem direto que é mais do que apenas esta densa substância que chama de corpo. Você está vibrando de fato. Seus campo e existência energéticos são bem amplos. Eles se estendem para muito além da presença física que normalmente observa em si ou nos outros. Sentir esse campo é o início da consciência do plano etéreo. Alguns de vocês ficam inicialmente confusos e assustados quando veem a flutuação da dimensão etérea. Você pode achar que está enlouquecendo ou perdendo a razão. Pode temer que não conseguirá voltar ao estado de consciência normal que agora compartilha na terceira dimensão.

Você sabe que esse estado de consciência "normal" é um nível consensual que foi levado a experimentar. Alguns de vocês entendem que podem vivenciar estados mais elevados naturalmente desaprendendo velhos padrões. O maior padrão que se precisa desaprender está no pensamento. Sua habilidade em perceber a dimensão mais elevada e o plano etéreo é diretamente proporcional ao que acredita e pensa que pode vivenciar e ver. Quando acredita que pode vivenciar e ver esses planos, então começará a se abrir a eles.

É semelhante à experiência com a qual muitos de vocês estão lutando enquanto aprendem a canalizar; é uma rendição. Não é algo que posso dizer para você fazer ou praticar, embora possa haver algum direcionamento. A orientação mais importante é simplesmente que você consiga se soltar com a compreensão de que está se soltando para ganhar uma consciência e entendimento do plano etéreo.

O Estado de Expansão

Os níveis iniciais do plano etéreo são os campos energéticos – perceber e sentir os campos energéticos. À medida que entrar no plano etéreo, você conseguirá transes mais profundos, alcançará níveis mais acentuados de comunicação, e receberá visitantes e guias em níveis mais intensos. Além disso, é possível fazer o que alguns descreveram como viagem astral. Você pode mover sua consciência e seus eus etéreos.

Na língua hebraica, sabemos que eles usam a palavra *Zelem*[11] para a presença etérea. *Zelem* tem uma sonoridade que muitas vezes o coloca em uma vibração que o ajudará a ressoar com essa energia. *Zelem* representa o corpo e o eu etéreos. Quando em contato

---

11. No *Zohar* e com o ensinamento de Isaac Luria é mencionado um aspecto do homem denominado na Cabala como *Zelem*, a "imagem", com base em Gênesis 1:26: "Façamos o homem à nossa imagem, conforme a nossa semelhança" (Versão do Rei James). O *Zelem* é o princípio da individualidade com o qual cada ser humano é dotado – a configuração espiritual, ou essência, que é única apenas a ele. Uma noção nesse conceito relaciona-se à vestimenta etérea do homem, ou corpo (sutil) etéreo, que serve como um intermediário entre seu corpo material e sua alma. Para mais informações, veja Gershom Scholem, *Kabbalah* (Jerusalém: Keter Publishing House, 1974), 158.

com o *Zelem*, pode-se começar a viajar e interagir com outros planos. Quando você viajar nesses planos, começará a passar por uma transformação pessoal. Conseguirá tomar consciência dos seus eus físicos tridimensionais e sentir como se estivesse passando por uma porta. Passará por um plano que o levará a uma realidade superior. Quando entrar nessa realidade, verá que pode tirar uma camada de densidade, um nível do seu eu que não é mais necessário; um nível que não é mais útil quando decide viajar para o plano etéreo.

Eu o encorajo a praticar passar por essa porta. Você simplesmente começará a vibrar e, então, enquanto estiver sentado, começará a se transformar e a vibrar com seu campo energético. Seu campo se expandirá. Entenda que na sua densidade normal aqui, você estará bem restrito. Seu estado mais natural é um nível de expansão que o leva lindamente ao plano etéreo. Sentirá uma vibração tranquila e uma ondulação nesse plano, e sua experiência com as cores se aprofundará. Simplesmente se soltará, expandindo os limites, o que o ajudará a parar de se identificar com seus eus mais densos na terceira dimensão.

O plano etéreo é onde ficam os devas das plantas?

Sim. Eles são um aspecto do plano etéreo. Não estão necessariamente no primeiro nível. Quando você traz suas plantas para a consciência da Terra, pode usar visualizações, especialmente para trabalhar com o plano etéreo e se direcionar. Os formatos mais usados no trabalho com a energia etérea são visualização e som. Você pode apenas falar o nome da planta. Pode visualizar a planta e ela o guiará. O mesmo nível também é usado na busca por seus animais de poder.

Alguns se preocuparam com a violência ou a negatividade no plano etéreo. Elas não estão exatamente no etéreo, mas, sim, são de um caráter de baixa densidade que fica um nível abaixo do etéreo. Preferimos chamá-lo de nível astral inferior. É o nível onde se encontram espíritos desencarnados e outras energias negativas que cercam o planeta. Ele fervilha com aspectos dos níveis inconsciente e pré-consciente. O nível etéreo é de fato um nível protegido.

Nas meditações, com frequência experimento viagens mentais nas quais realmente encontro mestres e tenho experiências. Isso não é viagem astral, mas parte do plano etéreo?

Pode-se fazer uma viagem astral para o plano etéreo. A viagem astral é parte da consciência etérea. Então sim, para responder à sua pergunta, você está vivenciado coisas no etéreo. Alguns precisam concentrar-se em ir além do etéreo, mas se você vai além do etéreo e fica estabilizado, poderia até deixar esta encarnação, o que seria prematuro. Por isso muito do contato que ocorre agora com os guias e mestres é feito por meio do etéreo. Há uma sensação de que não é a hora certa de levá-lo ao nível mais elevado, por medo de um desencarne antes do tempo.

Cada um tem um tempo designado. É interativo com seus eus superiores em termos do que acontece, de modo que poderia haver pequenas modificações quando você parte. É melhor partir em um momento apropriado e de uma forma adequada para você. Alguns tiveram experiências de morte estranhas – como alguém com uma consciência muito elevada tendo uma morte violenta, por exemplo. Não se preocupe. Isso não significa que seus níveis de consciência não estivessem bem, mas apenas que houve a solução de um acúmulo de outros problemas cármicos.

Estamos pensando especificamente no famoso cientista e escritor Itzhak Bentov aqui. Ele escreveu um lindo livro chamado *Stalking the Wilde Pendulum* e então faleceu em um acidente de avião em 1979. Fazia um trabalho incrível, ganhando um conhecimento e um entendimento maravilhosos do plano etéreo. Um dos problemas com isso, no entanto, foi que ele quis se elevar cada vez mais. Quando você continua a ir mais alto sem uma base firme, então fica mais fácil desencarnar e pode procurar pela primeira oportunidade para fazer isso. Isso pode acontecer, mas há muito trabalho para ser feito aqui embaixo e você achará que existe uma vantagem em ficar aqui um pouco mais.

Supere Sua Apreensão:
os Estados Elevados o Exaltam

Eu fico apreensivo quanto a tentar ir para essa interface, porque sinto que não trabalhei o suficiente na terceira dimensão para garantir isso.

Você deve entender que acessar a quarta dimensão ajudará com seu trabalho tridimensional. Isso lhe dará outra perspectiva. Oferecerá uma expansão. Você pode ter a sensação de que não trabalhou o suficiente para garantir a entrada na quarta dimensão, mas não espere até aquele ponto em que sente: "Agora trabalhei o bastante". É uma interface, como você lindamente descreve, e trabalhar na quarta dimensão, apesar dos seus medos, beneficiará seu trabalho tridimensional, deixando-o mais expansivo e dando a perspectiva da alma aos seus problemas.

Você pode analisar, por exemplo, os bloqueios de energia que sente na sua terceira dimensão. Descobrirá que pode usar o trabalho com a energia como uma forma de tirar os bloqueios. Você foi construído psicológica e geneticamente para sentir e participar da quarta dimensão. É parte de seu direito inato e constituição, mas foi treinado ou educado a não fazer isso. Seu medo vem das falsas crenças que tem sobre o que significa a quarta dimensão. Você pode acreditar que não merece o bastante, que enlouquecerá ou não será capaz de estabilizar a energia. Esses são medos com base nos sistemas de crença.

Garanto que quando você se aproximar da transição dimensional gradativamente e com abertura, será protegido. Seus guias cuidarão de você. Não ficará superexposto nem sobrecarregado com tanta energia. Garanto que será ajudado. Pense assim: quando vai a uma bela e alta montanha, não se sente exaltado? É dessa mesma forma quando você vai para uma dimensão mais elevada a partir da terceira dimensão. Você conseguirá experimentar de uma perspectiva benéfica a sensação de ser exaltado.

Como Acessar o Plano Etéreo

Muitas vezes quando vou para Sedona, Arizona, sinto ao redor aquela ondulação de energias em vórtice de um modo marcante.

É uma boa ideia praticar ir a esses lugares para começar a se abrir. Você precisa se recarregar continuamente. Apesar de seu comprometimento com essa energia e esse caminho, você está sujeito às leis que criam energias mais densas e pode ficar mais limitado. Eu o encorajo a ir para esses locais e trabalhar com a energia. Seria extremamente útil. É bom combinar suas atividades ao ar livre com a oportunidade de acessar os diferentes planos.

Parte do motivo para o desenvolvimento de igrejas e religiões foi criar vórtices por todo o mundo para as pessoas aprenderem a experimentar os níveis de energia mais elevados em vários lugares. Ficamos intrigados principalmente pela habilidade de fazer isso em cavernas. Sei que nem todas as cavernas por todos os lugares têm um acesso fácil, mas há algumas em sua área [no norte do Arizona] muito poderosas. Os nativos americanos na sua região eram conhecidos por usar cavernas para acessar o plano etéreo.

Outra maneira de alcançar o plano etéreo é pela oração. Essa é uma forma de preparação bem potente. Quando você estiver acessando o plano etéreo, recomendo que medite e ore. Rogue pela orientação divina e por comunicação com a energia celestial do Criador. Quando acessar o plano etéreo, estará entrando em contato com a energia do Criador. Você pode considerar o contato com o plano etéreo uma forma de aprofundar sua conexão com a energia divina. Quando concebe isso dessa forma, terá outra proteção ao seu redor, que é de fato uma proteção da sua mente.

Entenda, você precisa mesmo de uma proteção da sua própria mente. Quando conseguir se retirar da mente, então descobrirá que pode fazer coisas maravilhosas no plano etéreo. Precisamos cuidar da mente. Isso não pode ser ignorado. A abordagem que recomendo é invocar o poder da oração. Quando pede por contato com a energia do Criador, a oração pode evitar pensamentos negativos. O desejo pelo contato divino é tão intenso que corta muitas resistências e padrões de pensamento densos que contraem seus campos energéticos. Quando você pensar na energia do Criador, então começará a expandir os limites.

Pense na energia do Criador ao seu modo. Esse é o caminho para iniciar sua entrada no etéreo. Mesmo que não tenha a si mesmo em alta conta, ainda poderá experimentar a energia do Criador. Deixe quaisquer aberturas que houver dentro de si abraçarem essa luz. É especialmente essa luz do Criador que preenche o plano etéreo e o atrai para lá. Você é como uma mariposa buscando uma luz noturna, mas essa luz é a do Criador. Quando estiver aderindo a essa luz, verá que não precisa de seus medos. Seus medos simplesmente desaparecerão sem esforço.

Abra-se aos diferentes níveis de consciência pelos quais passa durante o sono, como estar à beira do sono, caindo de sono e saindo do sono. Observe seu sono hoje à noite. Você poderá se surpreender com o que acontecerá.

Capítulo 5

Como Levar Seu Campo Eletromagnético para um Plano Superior

Sananda e Maria

Eu saúdo seu trabalho de se integrar e ser você mesmo. Essa é sua missão e o parâmetro desta encarnação. Não é preciso conquistar A, B ou C. O que conta é ser você mesmo. Você faz isso quando traz a energia mais elevada para a Terra para manifestar saúde, prosperidade e amor. Isso inclui o amor-próprio. É preciso manifestar o amor por si mesmo.

Você é um ser elaborado e complexo. Pense em si como um grande ímã, um campo de energia vibratória de dois ou três metros de altura – uma enorme presença angelical conectada a planos diferentes. Você está vibrando em outro plano enquanto falo. Esse é seu estado natural. Estamos o ajudando a explorar seu potencial eletromagnético.

É difícil compreender que existe outra dimensão com a qual você pode interagir simultaneamente além da Terra. Abra seu chacra coronário. Libere quaisquer bloqueios energéticos do seu plexo solar. Deixe as energias o abrirem. Moisés desceu do Monte Sinai com raios de luz saindo de sua cabeça e de seus olhos. Quando você está em um estado muito energizado, não quer deixá-lo. Não precisa!

Você pode ficar assim. Levante-se na sua presença dimensional. Leve seu campo eletromagnético para o plano superior que você consiga alcançar. Levante! Levante!

Ser consciente de quem é o faz se sentir grandioso. Você está profundamente conectado a muitos seres neste planeta e em outros planos. Na sua manifestação aqui, você não está sozinho. Garanto que você tem pelo menos uns 15 ou 20 guias vigiando essa existência. Eles o ajudam a contatar outras energias. Eles estão tentando transmitir informações para você, esperando que os chame. Você é especial de muitas formas; realmente tem a habilidade de entrar nas dimensões mais elevadas.

Você tem perguntas sobre a ascensão[12] – quando vai acontecer? Estamos chegando lá, garanto. Há uma consciência e uma percepção grupal maravilhosas no planeta. É uma força que é uma presença. É um fator que há três ou quatro anos não estava aqui. Essa presença se multiplica em uma boa velocidade.

É verdade que muitos de vocês se abriram para novas dimensionalidades. Você pode aceitar entrar nos outros planos por meio de um caminho de ascensão, e a energia continua a trabalhar pelo planeta de uma forma curativa. É apropriado para você ficar aqui um pouco mais para que possa ancorar e espalhar a energia. Enquanto realiza isso, pode aprender a entrar em outro plano.

Por que não fazemos isso agora? Usarei alguns sons e você pode se imaginar, enquanto falo, transformando-se em outra dimensão. [Emite sons.] Há muitos avistamentos da Mãe Maria. Sinta sua presença agora nesta sala.

* * *

Boa noite. Aqui é Maria. Cada um de vocês é precioso neste trabalho de ascensão e transformação. Você consegue fazer esse trabalho com seu pensamento e abrindo seu coração. Pode transformar sua presença energética ficando mais leve e brilhante.

---

12. A ascensão é um ponto de equilíbrio conquistado na existência física que lhe permite passar para um novo nível de consciência e um novo plano de existência. Foi comparado ao chamado "Arrebatamento" da teologia cristã.

É claro que já houve muito desequilíbrio, mas você saberá que está mais próximo da transformação energética por causa do número de calamidades que continuarão em rápida sequência. Repetimos várias vezes: tente não se prender a esses eventos. Tenha fé em sua habilidade de se transformar em todos os níveis. Não sinta que deve resolver cada dificuldade. Lembre-se de que Sananda prometeu e enche de graça aqueles que se comprometem. Um período de graça foi acelerado em 1994, e houve e haverá outras oportunidades para um trabalho ainda mais magnífico.

Muitas pessoas no planeta estão passando para o outro lado pelo processo da morte. Estamos ocupados ajudando-os a se adaptar. Alguns querem voltar imediatamente, porque entendem a utilidade e a magnificência do trabalho que pode ser feito aqui. Eu o informo da preciosidade de você estar vivo e agindo agora na Terra. É desejável estar vivo e ser útil neste planeta. Mantenham seus corações abertos e conectados à galáxia.

A Questão da Ascensão

Sim, é verdade que a ascensão e a transformação da Terra são uma operação galáctica. É verdade que existem elos por toda essa galáxia. Alguns são com outros seres, como os Pleiadianos e os Arcturianos. Algumas pessoas têm elos até mesmo com a Galáxia Andrômeda. É fantástico. Significa que podem invocar outras fontes e trazer a energia delas para a Terra. Todos sabemos que o planeta precisa de muita assistência e energia. Abrir-se para a multidimensionalidade é sua missão. Não posso fazer isso por você; só posso guiá-lo.

Há interações energéticas ocorrendo de forma contínua, não apenas no sistema solar, mas também fora dele. Padrões de pensamento vêm para a Terra de fontes diferentes. A Terra está nos pensamentos de muitos seres – mais do que se pode contar no pensamento tridimensional. A Terra desempenha um grande papel moldando os eventos galácticos e o resultado é crítico para muitos seres. Deixe vir o máximo de energia possível dessas fontes para ajudar a iluminar a realidade verdadeira. Não se concentre nos jogos de ego e nos conflitos que você vê sempre no palco mundial. Eles são transitórios.

Eles foram jogados repetidas vezes no planeta. Por acaso você tem perguntas sobre a ascensão?

Quando teremos paz mundial e o que vai trazê-la?

Você está testemunhando a formação do governo mundial único. É uma força dominante que vai direcionar essa paz. Há uma coalizão de líderes que buscam o controle mundial. Isso se baseia em eventos que se desenrolam atualmente. Lembre-se de que todas as previsões estão sujeitas à mudança simplesmente por causa de variáveis e pensamentos que interfiram. Alguns de vocês podem concentrar a energia em uma área como a Califórnia, por exemplo, e adiar uma catástrofe dramática enviando amor e luz para aquela parte do planeta.

Alguns dirão: "Mas achei que a ascensão iria acontecer logo". Lembre-se de que as coisas precisam se desenrolar. As pessoas têm de fazer escolhas. Lembra-se do livre-arbítrio?

Desde que ouvi falar da ascensão em 1990, tenho feito muitos trabalhos de limpeza e aceitação da alma. Acho que me sinto mais leve e me pergunto se isso faz parte da ascensão.

Isso faz parte da ascensão, que é um processo contínuo. Não será uma mudança abrupta como muitos de vocês pensam. É verdade que haverá um momento repentino, mas não será traumático para quem estiver preparado e evoluindo. Você fica mais leve para que consiga deixar o materialismo e os processos do ego da terceira dimensão para trás.

Você está indo para um lugar onde isso será mais fácil. Lembra-se dos seus pensamentos sobre a possibilidade de ascensão há dois anos? Veja onde você estava na ocasião e pense em hoje, e que diferença há em termos do caráter abrupto e da mudança. Ficar mais leve o ajudará a trabalhar no outro lado.

Em que ano ocorrerá a ascensão?

A ascensão ocorre em estágios. A transformação final vem em etapas. Agora você está passando por um período geral em que existem essas forças sombrias e turbulentas, as quais se esperam de um cataclisma mundial.

É possível a ascensão acontecer antes por elevarmos nossas vibrações?

Sim. Alguns já experimentaram e conseguiram isso. Em termos de ascensão grupal, ainda não houve uma ascensão em massa. Estou falando de uns dois ou três milhões de pessoas. Originalmente, parecia que seria apenas um pequeno contingente. Agora parece que será um número maior. Isso terá um efeito positivo, não apenas nas pessoas que ascenderão, mas também no planeta. Será uma demonstração do poder do Espírito sobre outras forças. Estimulará outros a reconsiderar seus valores e a abraçar a espiritualidade como um caminho. Alguns estarão prontos para analisar e modificar seus modos.

A ideia está se consolidando agora?

Com toda certeza. O processo e a transmissão da energia de ascensão definitivamente se solidificaram em muitas partes do planeta.

E toda essa conversa sobre guerra? É uma digressão?

Não, não é uma digressão. É parte do processo do ego que ainda ocorre e domina o planeta. É uma força e uma ameaça em todos os momentos. Precisa ser levada a sério.

Capítulo 6

Como Ancorar a Energia

Sananda

Nós trabalharemos em ancorar tanto sua energia quanto os ganhos que você teve. É importante estabilizar sua base e ter a confiança de que esse alicerce está no lugar. Assim, você não irá regredir. A ancoragem é necessária no processo que descrevemos – o processo de ascensão. Há altos e baixos na ascensão, mas em algum momento você atinge um platô; chega a uma sensação de ganho e progresso. A isso chamamos a habilidade de ancorar. Ancorando sua energia, você também consegue estabilizar seu sistema energético.

Se você rememorar seu desenvolvimento nos últimos seis meses, sentirá que já ancorou energia. Pense naqueles momentos em que você se sentiu particularmente elevado e ressonando com a frequência que sentiu ser tão etérea. Consegue sintonizá-la e lembrar-se disso?

Pense em como seria bom estabelecer uma base ou ancorar-se para que possa retornar a esse ponto quando quiser. Você poderia então estabelecer um patamar. Pense nos montanhistas que estabelecem recordes subindo o Monte Everest. Eles não montam um acampamento primeiro? Um acampamento fica bem no alto da montanha.

Pode ser a uma altura de mais de 5.000 metros. A maioria das pessoas não conseguiria chegar a um acampamento tão alto.

Essa é uma linda metáfora que quero que use no desenvolvimento da ascensão. Agora você chegou a um acampamento. Lá você tem um alicerce ou uma estabilização. Ele é uma âncora pela qual pode retornar quando se sentir mal. Mesmo se cair mais para baixo do acampamento, terá a energia, a força espiritual e a vontade de voltar.

Isso faz parte do processo de ascensão. O processo não só o conduz para um nível mais elevado, como também leva grupos para o ponto de base. É de lá que muitos podem ir para planos superiores. Quando você escala uma montanha, alguns devem ficar para trás para manter o acampamento. Eles podem manter contato e, se necessário, dar suprimentos para aqueles que estiverem mais acima. Aqueles mais para cima podem até voltar ao nível mais baixo para se recuperar.

Alguns já conseguem alcançar o ponto mais elevado e iniciar seus processos de ascensão. Há também uma experiência de pré-ascensão pela qual muitos já começaram a passar. Eles conseguem escalar essa montanha e chegar a um ponto mais elevado. Desse ponto superior, começam a passar por transformações na quinta dimensão. Eles estão em um comprimento de onda no qual podem vibrar na quinta e depois de volta na terceira dimensão. Você não soube antes que conseguiria fazer isso, mas alguns já estão conseguindo por meio de sua devoção e trabalho energético. Você ficará muito feliz em ativar isso. Não tenha medo. Quando estiver nessa alteração vibracional, poderá ir de um campo dimensional para outro.

Os Passos em Seu Caminho Divino

O trabalho principal que o estabiliza e ancora é sua participação em grupos. É em grupo que você consegue se fundir com outra energia. Em grupo conseguirá levantar aqueles que precisam ir mais alto. Quando você desejar se elevar, então poderá usar a energia do grupo como uma base.

A ascensão é um processo lindo demais. É projetado para atender às suas necessidades enquanto você se molda ao caminho.

Lembre-se: assim como no alpinismo, você poderá encontrar certas dificuldades. Alguns caminhos precisarão de mais cordas, enquanto outros podem ser escorregadios e provocar quedas. E alguns ainda podem parecer intransponíveis no momento.

Lembre-se da analogia do acampamento e de que você pode voltar para lá a qualquer momento. Voltando para o acampamento você ganha força, compreensão e o conhecimento dos outros que voltaram ou que foram lá para apoiá-lo. Você não pode se manter no topo da montanha. À medida que passa para os planos espirituais superiores, precisará voltar. Você pode voltar ao acampamento e ancorar sua nova energia.

Quanto à sua base, podemos dizer que ela começa com você aceitando que está em um caminho divino, com a compreensão de que está se abrindo para receber luz e energia etérea. Você então começa a trabalhar com seus próprios campos energéticos para se abrir a uma vibração mais elevada. Com essa abertura, conseguirá se expandir e seu campo áurico para que entenda e receba luz e amor. Você receberá compreensão e sabedoria. Além disso, obterá orientação, incluindo ajuda de seus guias pessoais.

O próximo passo é aceitar que você é um ser divino. Faz parte de Adão Kadmon.[13] Você tem a energia prototípica dentro de si para estar em perfeita harmonia com a energia do Criador. Tem dentro de si todas as ferramentas para se abrir à sabedoria suprema. Você é divino. Quando for divino, se verá como uma pessoa muito linda, poderosa e importante com uma missão. A missão pode se relacionar em parte com sua experiência de desenvolvimento da alma.

Seu desenvolvimento de alma envolve aprender certas lições essenciais e ter experiências importantes, com as quais você poderá deixar o processo de encarnação terrena e ir para a quinta dimensão. Se houver trabalho sobrando desta encarnação e parecer que você não irá completá-lo, então será atraído pelas leis do universo, as leis

---

13. "Adão Kadmon" é o termo hebraico para homem primordial. Foi descrito como o protótipo do primeiro ser a surgir depois do início da Criação. O Adão Kadmon serve como um intermediário entre o Tao e o mundo futuro. Dizem que todas as almas do homem estavam originalmente em Adão Kadmon. Esse conceito é diferente de Adão e Eva.

da Terra e as leis do Criador Divino, *B'nai Elohim*,[14] a retornar. Se você está se abrindo agora às lições de alma de que precisa, então está completando a tarefa e pode passar para o acampamento seguinte no ponto mais alto.

A Rota do Seu Propósito de Alma

Revise sua lição de alma e veja se ela se concentra, por exemplo, em aprender a ser mais carinhoso ou em ser mais consciente do seu propósito divino. Sua lição poderia ser aprender a como se relacionar com os demais ou a como transcender o bem e o mal que parecem ocorrer na Terra. Sua lição poderia ser também ensinar os outros, sendo um canal ou ensinando crianças. Ou até mesmo cuidar de alguém.

O segundo aspecto do seu propósito, o propósito geral, também pode ser examinado. Tudo tem muitos níveis. A experiência universal é multidimensional, logo, seu propósito de alma também é. Existem duas rotas: a individual e a geral. A geral pode ser ajudar os outros e, desse modo, relaciona-se com a missão específica na ascensão geral. Você também tem uma missão específica nesse trabalho chamado ascensão, que inclui trabalhar com luz e amor. Cada um anseia por aprender a como se encaixar no plano divino.

Um plano divino é revelado agora e você faz parte dele. Quanto mais se abrir para esse plano, mais aberto ficará ao seu papel nele. Você então se tornará um trabalhador da luz mais eficaz para os outros. Isso se torna um processo de ascensão. Pense no seu papel de um modo geral, no quadro geral, e então pense no seu papel individual.

---

14. O nome que descreve o Criador no primeiro capítulo do Gênesis é *Elohim*. É uma palavra com uma terminação de plural, -im, mas é usada como um substantivo no singular quando aplicada ao Deus de Israel. *B'nai Elohim* é mencionado em Gênesis 5:6 e é traduzido como "seres divinos". Outros traduzem como os "filhos de Deus". Esse nome refere-se a possíveis super-homens de grande força que eram supostamente os filhos de uniões entre deuses e homens. Em *The Book of Knowledge: the Keys of Enoch*, de J. J. Hurtak, eles são definidos como os filhos do paraíso que despacharam julgamento e educação hierárquicos, e escolheram as "sementes selecionadas". Eles também são as extensões eloísticas do Pai, expressando o propósito infinito e o amor do Criador.

Os papéis do indivíduo e do grupo podem se misturar?

Com certeza. Esses papéis se misturam muitas vezes. Você precisa lembrar que esse é um caminho de multiníveis. É uma missão para aprender lições, mas também é um caminho de serviço. Em dado momento, os dois caminhos ficam tão misturados que não se consegue ver a diferença entre eles. Os mestres ascensos superiores no seu planeta estão sempre em serviço enquanto trabalham em seus próprios caminhos de alma.

Nós que estamos em um nível mais elevado podemos vivenciar a quinta dimensão de forma direta – não continuamente, mas apenas em um nível ah![15] temporário, visionário ou criterioso. Nesse ponto, realmente sentimos e sabemos em nossos corações que há uma dimensão mais elevada, e começamos a ter uma interface com a energia quintidimensional. Como vivenciamos essa interface? Começamos a sentir que somos seres vibracionais. Começamos a entender que por sermos vibracionais, a quinta dimensão também é. Sentimos igualmente uma sensação de clareza. Somos capazes de renunciar a algumas de nossas ligações com o plano astral porque percebemos que a quinta dimensão é nosso destino. É o seu também. Faz parte de todo o seu processo de revelação.

O plano etéreo não pode ser descrito em tons e cores que você reconheça na terceira dimensão. As cores têm um tom mais profundo. Alguns terão uma sensação avassaladora de amor e aceitação quando começarem a entrar pelos portais e pelos pontos de entrada especiais para acessar a quinta dimensão. Nesse ponto, você poderá encontrar seus guias diretamente. Também será capaz de canalizar informações e acessar habilidades psíquicas. Embora você esteja cortando suas amarras, ainda estará em equilíbrio no plano terreno. Você começará a sentir uma leveza. Iniciará uma interação mais direta com seus guias. Entrará em estados meditativos mais profundos, que incluirão conseguir deixar seu corpo e ir para um plano superior.

Você sentirá que seu corpo de luz é maior que seu corpo físico, mas também se identificará com seu corpo físico. Desse ponto mais

---

15. "Ah!" é um termo psicológico usado muitas vezes para descrever a emoção que uma pessoa sente depois de ter uma percepção ou ideia divina – uma epifania.

elevado do seu eu superior, enviará luz e amor de volta para seu corpo físico. Assim você irradiará mais saúde e vibração.

É possível atingir esse nível durante o sono quando a mente está mais relaxada?

Totalmente. Muitos tiveram essa experiência em seu sono. O sono é um momento em que você está totalmente livre de amarras e, por isso, está livre para praticar essa habilidade. Um dos objetivos no trabalho de ascensão é levar a energia do seu inconsciente para sua experiência desperta consciente. Outros falaram sobre a experiência de morte e como é importante estar consciente durante o processo. Quanto mais consciente você estiver durante sua experiência de morte, melhor será seu próximo encontro no outro lado.

Para responder à sua questão especificamente, no entanto, eu diria sim, você pode receber essa informação e essas experiências dormindo. Essa é uma boa prática. Muitos de vocês são mais avançados do que imaginam. Vocês têm, de fato, acesso a essa energia em seu sono. Alguns conseguirão acessar essas experiências em seus estados despertos por meio de transe e, então, ascender a um nível mais elevado. Eles sentirão êxtase e plenitude, ou união, que vão se intensificar quando se aproximarem da entrada da quinta dimensão.

Abra Seu Coração

Eu o levarei a mais um nível – o nível da experiência monádica.[16] Essa é a experiência descrita como a unicidade na qual você consegue se sentir unido à energia do Criador. O termo mônada significa "unidade". Entenda que você faz parte da mônada. Nós viemos da mesma Fonte. Você consegue se misturar com essa unicidade, mas, ao mesmo tempo, não precisará desistir do seu senso de identidade.

Nós trabalharemos com você para intensificar essa experiência monádica. Usarei um dos sons hebraicos canalizados, *Elohim*[17] (Deus, a energia Criadora). Quando você escuta esse belo som, espera-se que

---

16. A força criativa elementar original. "O Início estava na Totalidade, e da Totalidade surgiu aquela energia da qual começou a Mônada." June Singer, *Androgyny: Toward a New Theory of Sexuality* (Garden City, NY: Anchor Books, 1977), 224.
17. Foneticamente, a palavra é pronunciada El-oh-heem.

consiga vivenciar a unicidade e seu relacionamento com a mônada. Repita esta palavra: *"Elohim... Elohim... Elohim"*.

No nível monádico, pode-se abrir o coração totalmente. A chave para a experiência monádica e para integrar essa experiência com o processo de ascensão está em sua habilidade em abrir seu coração. Então você pode sentir e vivenciar diretamente essa energia monádica maravilhosa. Todos conseguem vivenciar isso; faz parte de sua estrutura codificada, descrita no livro *The Book of Knowledge: the Keys of Enoch*, de James J. Hurtak. Você está preparado geneticamente para participar dos planos celestiais, incluindo vivenciar a música celestial. Esse é seu direito nato. Siga-o e ele o levará para seu verdadeiro lar.

É nesse nível mais elevado que você pode sentir seus chacras se abrirem completamente. Seu chacra cardíaco vibrará com bastante força. O fato de você ir para esse nível facilmente é um sinal de suas conquistas como ser de luz. Eu o encorajo a ficar nesse nível em suas meditações.

Capítulo 7

Carma e Graça Durante a Ascensão

Sananda

Acho que é importante revisar o que é a ascensão – onde estivemos e para onde vamos. Tem sido uma revelação interessante desde o anúncio da ascensão. Muitos se adaptaram rapidamente à ideia e aguardaram ansiosamente sua chegada. Alguns foram tolos e negligenciaram suas responsabilidades, na esperança de serem retirados de forma imediata. Eles ficaram profundamente desapontados. Outros continuaram o trabalho em profunda devoção. Aceitaram as privações e estão preparados para o trabalho difícil adiante.

Você não pode falar sobre quem é e por que está aqui, a menos que discuta o carma e a participação na ascensão. Você pode fazer uma tremenda quantidade de trabalho e liberar uma carga cármica enorme em pouco tempo. Nessa curta existência, pode conquistar agora o que levaria muitas vidas. Quando o fim está próximo, você acelera trabalhando mais duro, pois quer fazer o máximo que puder antes de chegar à ascensão. Isso faz parte da natureza humana e é um desenvolvimento positivo.

Constatar a ascensão significa o reconhecimento de sua existência multidimensional. Você é um ser multidimensional existindo fisicamente na terceira dimensão, que é uma dimensão lenta e densa. Quando algo acontece nessa dimensão, o resultado não é imediato. Ele demora.

Como Superar Bloqueios Cármicos

Você pode estar respondendo agora, de modo cármico, a eventos antigos da sua vida. Se você foi exposto à radiação quando mais novo, por exemplo, isso o afetaria fisicamente agora. Um problema físico como esse poderia ser causado por eventos antigos na sua vida e não ter nada a ver com suas atividades recentes como trabalhador da luz. Agora, no entanto, você tem a habilidade de se concentrar em sua cura de formas que você não teria compreendido quando era mais jovem. Use esses recursos mais profundos dentro de si para se curar.

A exposição à radiação é um exemplo de carma acumulado desta vida. Outro exemplo pode ter foco como o que você pensa de si. O que você pensa se manifesta. Às vezes você consegue evitar pensamentos negativos, mas alguns podem permanecer consigo, embora eles não se manifestem imediatamente. Talvez ache que liberou esses padrões de pensamento e, então, uma grande perturbação ocorre na sua vida e parece totalmente sem conexão com seu trabalho da luz. Em todos os outros aspectos da sua existência, você foi muito afortunado e dedicado, mas, de repente, tem um grande bloqueio, e não sabe de onde veio. Você não quer lidar com isso, mas está sendo forçado a lidar, como em um empurrão.

Um evento como esse não é cruel. Não interprete isso como: "Não vou conseguir". Quero que entenda que alguns dos bloqueios que acontecem não são necessariamente resultados de pensamentos ou padrões que você sentiu desde sua introdução à ascensão. Bloqueios originários de eventos antigos não necessariamente significam que você está pensando hoje de uma forma errada ou que agora você não merece. Você não falhou e se tornou de alguma forma desmerecedor da ascensão. Entenda isso, por favor. Não continue com esse tipo de pensamento, meus amigos. Em parte, é esse tipo de pensamento que originalmente favoreceu o bloqueio.

Quando você está bloqueado e sofrendo com um problema que pareça insolúvel, de repente sua capacidade de ter amor-próprio voa pela janela. Você está sendo testado para ver se ainda pode se amar profundamente. Com amor-próprio, superará seu bloqueio. Tudo se resume a essa simples expressão de sabedoria. É fácil praticar quando as coisas vão bem. Tenho confiança de que você está ciente dessa lição e começa a entendê-la em um nível mais profundo. Você tem uma oportunidade maravilhosa agora de avançar. Se começar com a premissa do amor-próprio e da autoconsciência, então pode processar qualquer problema cármico.

Não se preocupe com o progresso aparentemente lento. Compare-o com as existências. Lembra-se de quando falamos sobre a ascensão anos atrás [em 1993] e discutimos o carma acelerado? Falamos sobre conquistar coisas que de outra forma poderiam ter demorado várias vidas ou mais. Todos estavam empolgados. "Sim! Sim", vocês disseram. "Manda ver. Isso é fantástico! Estou pronto. Posso aguentar o carma por mais cinco vidas se isso significar que estou mais próximo da ascensão e de transcender este planeta. Claro que estou pronto!" Lembra-se desse tipo de pensamento? Agora você está tão empolgado para se voluntariar quanto antes?

Você precisa se respeitar nos caminhos em que está. É uma tarefa monumental passar por muitos desses problemas cármicos. Há períodos de graça e sem dificuldades. Nem tudo é trabalho duro. Precisa haver momentos de baixar a guarda. Muitos cometeram o erro de baixar a guarda no início. Agora você está em um lugar no qual integrou a maior barreira ou o gigantesco primeiro passo.

Mantenha uma atitude positiva e uma abertura a respeito do trabalho que está fazendo. Ele pode não estar se desenvolvendo como você esperava. Entenda, por favor, que seus próprios guias e mestres então envolvidos nesse processo e o direcionam de acordo com seu eu superior.

A Presença Eu Sou

Agora, deixe-me tratar da questão de quando ocorrerá a ascensão. Você ouviu os guias falarem sobre a recusa deles em apresentar uma data e uma hora. Você sabe como é difícil para alguém prever quando acontecerá um evento neste plano. A causa disso é que as pessoas não levam em consideração coisas que aconteceram no passado.

Para prever precisamente, você teria de acessar tanta informação que precisaria de um computador para processá-la. Ocorrências que você vê agora no plano terrestre poderiam ser o resultado de eventos que remontam à Idade Média. Alguns incidentes acontecendo neste instante são o resultado de eventos ocorridos há dois mil anos. Naquele tempo, por exemplo, as pessoas começaram a formular crenças religiosas que afetam o planeta agora. Embora essas formulações se baseassem em um conhecimento limitado, elas foram aceitas e foram instituídas, afetando profundamente o processo de toda sua cultura.

Terminamos a primeira parte da fase de iniciação, ou seja, a iniciação da ascensão planetária está completa. Muitos de vocês participaram dela plenamente, enquanto outros estão apenas começando a ser expostos a ela. Por causa do trabalho que foi feito por tantos trabalhadores da luz – as lindas publicações, palestras e discursos de muitos belos canais –, o terreno foi preparado com sucesso. Acho que foi um trabalho bem-feito! Estou contente com a devoção que foi evidenciada na propagação desse lindo conceito. Os trabalhadores da luz causaram um impacto. Há uma nova base sólida agora de trabalhadores, conhecimento e consciência transformativa que infiltraram no planeta. Esse é um resultado bem positivo. Algumas catástrofes foram impedidas por padrões de pensamento e trabalho na resistência realizado pelos trabalhadores da luz.

Assim como haverá três ondas de ascensão, haverá três fases no processo de ascensão. A segunda parte não será mais difícil do que a primeira. Você não precisa necessariamente passar por dificuldades. Poderá haver um trabalho árduo, mas sua atitude para com o trabalho pode mudar. Muitos já são capazes de sentir leveza e facilidade. Eles são capazes de realizar mais trabalho do que já imaginaram ser possível.

É importante que você saiba quem é. Para ascender, você deve estar consciente de seu eu multidimensional e de sua presença Eu Sou – *Eh'yeh asher Eh'yeh* (Eu Sou o que Eu Sou). Essa é sua conexão com sua transformação e seu eu multidimensional. Quando você repete essas frases e as sente em seu chacra coronário, abre-se profundamente. Você sente a maravilha de si mesmo. Não pense nisso como um egoísmo. É, na verdade, altruísmo. Você é altruísta em sua presença Eu Sou. Você está acima de si. Está acima de seu ego. Está acima até desta existência. Está acima da sua morte. Você está unificado com a eternidade e com a energia do Criador. Tem acesso direto a ela; é bem poderoso. Isso é o que você é: poderoso. Você é lindo. Você é multidimensional.

Você pode acessar o Eu Sou com muitas técnicas diferentes. Apresentamos a você o conceito do corpo de luz. Esse é o seu aspecto capaz, disposto e ansioso para descer até você dos pontos de vibração e contato mais elevados com a energia do Criador. Todos têm corpos de luz. Todos podem acessá-los. Todos podem trazer para baixo a energia deles. Isso faz parte de ser um receptáculo de luz. Isso faz parte de seu trabalho de luz. Preencha sua presença física com essa luz. Isso é o que chamamos de ancoragem. Isso é o que chamamos de aceleração no nível energético. Todos podem fazer isso. Invoque seu corpo de luz. Vocês não precisam nem usar as palavras no hebraico; utilizem as palavras no seu idioma: "Eu Sou o que Eu Sou". Foi isso que colocou Moisés em alinhamento com a energia do Criador. Quando essas palavras foram pronunciadas para ele, ocorreu uma transformação instantânea. Ele se abriu. Você também está se abrindo profundamente agora. Quando ficar repetindo essas palavras, em algum momento você se abrirá profundamente como Moisés. Sintam agora! Sintam seus corpos de luz. [Entoa] *Eh'yeh asher Eh'yeh*.

Energia da Graça

Traga essa energia para dentro de seus corpos físicos. Traga essa energia para suas vidas e para seus caminhos deste ponto em diante. Não é apenas uma energia para levá-lo à unidade e à alegria. É isso, mas também é uma energia que você pode espalhar continuamente em sua vida de agora em diante. É uma aceleração de energia. Pode remover o carma de um modo intensificado. Passe a energia agora por seu corpo físico, por sua vida em todos os aspectos, em todos os papéis que desempenha, em todos os lugares diferentes que vai. Pense neles agora e traga a luz.

Algumas pessoas dizem que a graça suplantará a necessidade de trabalhar com o carma desta vida e das passadas para transmutá-lo e equilibrá-lo. É isso mesmo?

Esta é uma questão muito complexa. Tentarei dar uma resposta simples. O carma não será apagado, mas sim, equilibrado. Ele será acelerado para que você passe por uma transmutação. Suponha, por exemplo, que você tivesse um carma negativo sobre equilíbrio, saísse pela porta e tropeçasse em um degrau. Você poderia então dizer que precisava aprender uma lição sobre equilíbrio. A graça lhe pode ser oferecida e na meditação você receberia esta mensagem: "Tome cuidado quando sair de casa hoje à noite. Você pode cair e torcer seu tornozelo e ter muita infelicidade por isso. Mas isso não acontecerá se aprender sobre equilíbrio. Você está pronto para aprender isso agora?" Se responder sim, então terá de aprender a caminhar em equilíbrio em todas as facetas de sua vida.

Como você concordou em aprender essa lição, então poderá continuar sem quebrar seu tornozelo, desviando assim de um carma negativo. Daqui a seis meses, pode esquecer essa lição. Algo então precisa acontecer para lembrá-lo, e será arranjado para você torcer levemente o tornozelo e ser tirado de equilíbrio por um ou dois dias. Na meditação você então diria: "Ahá! Lembro quando conversei com Sananda há seis meses. Entendi aquela lição! Preciso ser mais equilibrado".

Nesse exemplo, a energia da graça teve sucesso na primeira vez. Você saiu do caminho um pouco, mas não foi preciso quebrar seu tornozelo. Se não tivesse aprendido a lição, então a graça original não teria sido útil e você poderia ter tido de quebrar seu joelho da próxima vez para completar a lição. Estou usando esse exemplo para explicar que a graça é uma energia interativa. Não seria para o seu bem ter a graça se você não se equilibrasse e completasse seu aprendizado.

Veja a graça como uma abertura possível e uma chance para aprender e concluir lições. A energia da graça está sempre disponível. Você pode invocá-la para si. Sim, há graça para o planeta. Muitos de nossos amigos indígenas americanos são muito bons em trazer essa energia da graça para o planeta.

Você Tem Muitos Nomes

Eu ouvi que a graça está disponível e pode ser invocada e usada. A integração é muito importante depois, mas a graça poderia ser reconhecida por nós como um aprendizado acelerado.

Sim. Isso sugere que um evento negativo estava prestes a ocorrer, mas você foi poupado dele porque acelerou seu aprendizado. Tudo tem um preço no universo e o preço que você paga pela graça é o aprendizado. Quando você aprendeu e concluiu a lição, este é o pagamento para nós, a hierarquia espiritual, e o universo.

Como as pessoas o chamavam na época?

Sananda. É um nome galáctico que usei. Tenho muitos nomes, como você. Você acha que esse é o único nome que você tem?

Eu estou acostumado a usar apenas um.

Se você usasse um dos seus outros nomes, abriria uma ou duas memórias. Criaria uma experiência vibratória que traria mais iluminação.

Você gosta de ser chamado por esse nome?

Sim, principalmente neste contexto. É mais fácil para muitos aceitarem. Você tem que admitir, o outro nome tem muitas nuances. As pessoas trazem muitas expectativas. Quero que as pessoas entendam que estamos em uma nova era. Quero que compreendam que somos coiguais. Vocês não idolatram um ao outro. Fazemos parte de uma raça galáctica. Essa é parte de nossa herança na Via Láctea. Este é nosso lar. Há outros de outras partes da galáxia que são nossos irmãos e irmãs. Até mesmo a semeadura deste planeta vem de uma fonte extraplanetária.

Fui exposto a esses tipos de ideias. Estou aberto a qualquer explicação que alguém possa querer aventar neste ponto.

Não estou pedindo para acreditar nisso. Não estou pedindo para você dizer que é a verdade. Apenas deixe seu intelecto absorver o conceito. Você não precisa acreditar nisso. Esqueça que eu lhe disse. Esqueça essa parte da palestra. [Risos.] Usando o nome Sananda, também estou sugerindo que sou tanto uma força como uma energia galácticas. Essa energia é mais do que apenas planetária.

Isso foi muito comovente. Você é obviamente muito sensível, sábio e instruído. Respeito isso em você.

A bajulação o levará a qualquer lugar com o canal, mas não levará a lugar nenhum comigo.

Capítulo 8

Sistemas de Crença e Ascensão: não Olhe para Trás!

Sananda

Quero falar diretamente sobre mim e meu relacionamento com você. Quero falar sobre como minha existência se encaixa no esquema das coisas. Sabe, para muitas pessoas no planeta, o fato de que agora existo e estou falando com você é muito controverso. O fato de que meu nome[18] foi alterado é difícil para muitos aceitarem. É difícil até para você [o canal] aceitar que estou falando por meio de você. Todo o conceito do Messias precisa ser explorado também. Esse é um assunto amplo e não conseguiremos abordá-lo com tanta profundidade quanto gostaríamos, mas tentarei colocá-lo em perspectiva.

Sua Perspectiva sobre os Sistemas de Crença

A primeira coisa que quero dizer é que, definitivamente, ninguém no plano terrestre tem no momento todas as informações

---

18. Na Cabala, Sananda é conhecido como *Joshua ben Miriam of Nazareth*, que se traduz como Joshua, filho de Maria de Nazaré. Para mais informações, leia Z'ev ben Shimon Halevi, *School of the Soul: its Paths and Pitfalls* (York Beach, ME: Red Whell/Weiser, 1993), 137.

sobre o que ocorre ou o que ocorreu. Você fala sobre minha existência há dois mil anos com base nas interpretações e nas observações dos outros. Não havia câmeras de vídeo no local! Mesmo agora quando ocorrem os eventos, as notícias são distorcidas.

Em segundo lugar, cada um de vocês tem uma perspectiva particular, dependendo das crenças religiosas ou de um contexto cultural diferente. Seus sistemas de crença[19] são muito preciosos para vocês. De fato, uma das regras invioláveis do crescimento no universo é que não violaremos seus sistemas de crença. É muito importante que todos os sistemas de crença sejam respeitados. Por exemplo, você sabe que quando as pessoas morrem, muitos interagem com seres conforme sua própria visão da morte. Se você acredita em anjos, eles o receberão. Alguns dizem que só deve haver um sistema de crença certo. Não posso responder sim ou não a isso. Quando você diz no que acredita, deve acrescentar a frase: "Isto é pela minha perspectiva". Fique tranquilo que é a perspectiva mais importante a ter.[20]

Até mesmo suas crenças sobre a ascensão, que você sente que talvez entenda bem, podem ser problemáticas. Quando aprendeu as ideias da ascensão, foi importante que essas ideias fossem trazidas de uma forma que correspondesse aos seus sistemas de crença. A ascensão pode até expandir alguns de seus sistemas de crença. Teria de ser apresentada de tal modo que você poderia tolerá-la e crescer com isso. Alguns tiveram problemas porque a ascensão não aconteceu de acordo com o tempo *deles*. O tempo em que operamos é diferente.

Alguns perguntaram se uma pessoa específica é o atual representante de Cristo. A resposta é: não vamos dizer que alguém é um emissário direto neste plano agora! Cada um de vocês deve determinar isso por si. É importante que você tenha um acesso completamente livre aos sistemas de crença. Exercitar seus sistemas de crença é o teste derradeiro do seu livre-arbítrio. Antes de criticar o sistema de crenças de outra pessoa ou de outro grupo, lembre-se e entenda

---

19. Neste contexto, o termo "sistemas de crença" refere-se a grandes religiões ou sistemas espirituais, como Cristianismo, Judaísmo, entre outras.
20. Isto é, reconhecer que suas crenças são da sua perspectiva.

que você não terá toda a informação até que tenha passado para os outros planos.

Há Mais de um Caminho

Para meus amigos judeus, quero dizer algumas palavras. É importante que vocês entendam que existo sim. Alguns perguntam: "Você é judeu?" Se um irmão do espaço fosse conversar com você – supondo que ele existisse em uma forma que divergisse das suas visões do que uma entidade física deveria parecer – teria dificuldade em acreditar, aceitar ou até tolerar sua presença. Da mesma forma, na minha época, se alguém fosse falar sobre religião ou espiritualidade, era mais aceitável vir como um judeu. Essa era a época em que havia consciência espiritual e presença nessa "vestimenta".

As pessoas perguntam se minha intenção era iniciar uma nova religião. De novo direi que não é meu papel julgar como as pessoas interpretam minha vida. Havia muitas percepções diferentes. Minha mensagem era apresentar o Espírito Santo e a vida eterna, e dizer que havia um caminho para alcançá-los. Se você quiser, pode vir por mim e eu o levarei por esse caminho. Outros sistemas de crença também podem acomodá-lo se você não quiser vir por mim. Não estou aqui para dizer que todos devem fazer isso. Todos que quiserem podem fazer isso. Talvez você conheça um melhor caminho para si. Há muitas outras belas religiões neste planeta e em toda a galáxia.

Deduzir que apenas uma pessoa tem a resposta, a percepção "ideal", suscita ódio e violência, como o ódio e a violência que testemunhamos agora. Alguém ter uma perspectiva e dizer: "Esta é *a* perspectiva e você deve segui-la!" pode causar violência. Você não quer que lhe digam em que acreditar.

Você acha que eu viria aqui e diria: "Este é o único caminho, e você deve segui-lo. Sou o único caminho e você deve vir por mim"? Você vê isso no Antigo ou no Novo Testamento? Como responderia se eu lhe dissesse: "Você deve vir por mim"? Eu pensaria: "Este é um líder totalitário falando".

Por que outros vivenciam dessa forma? Veja sua natureza humana. Veja a energia colocada aqui da cultura de Órion e da interação das forças galácticas que estiveram envolvidas na interseção. Você entende que não é um conflito que ocorreu apenas neste planeta, mas em outros também. Outros planetas na sua galáxia acreditaram que tinham o caminho "ideal".

O caminho para ser é *ser*. Não é isso que é *Eh'yeh asher E'yeh*? Eu Sou o que Eu Sou. Serei o que Serei. Todos podem abordar isso de suas próprias perspectivas e amor se tiverem a abertura de coração exata. Aqueles com abordagens exclusivas não vêm totalmente do coração, mas sim com mentes críticas.

Acredite no Criador

Agora quero discutir o conceito do Messias – a ideia de que há um ser que salvará o planeta. Eu lhe digo que há um líder da ascensão, embora esse líder talvez não corresponda à sua concepção de Messias. Da sua perspectiva, você tem um entendimento de que o Messias deveria salvar o mundo. Você poderia pensar que a melhor forma para o Messias agir é aparecer milagrosamente, brandir uma varinha de condão e transformar tudo de repente: aqueles que são maus morrem e vão para o inferno, outros entram em espaçonaves, e alguns acham que acabou e aceitam a ascensão depois. Talvez seja assim que você compreenda. Não estou criticando isso. Estou apenas dizendo que essa é uma visão da sua perspectiva. Mas, lembre-se, você não tem todas as informações necessárias sobre como um Messias deveria ser.

O que seria para o bem geral de todos no planeta? Mesmo aqueles que não estão na luz não deveriam ser privados de seu carma. Qual é a essência do sentido do Messias? Significa que alguém deve salvar uma pessoa de suas próprias experiências? As pessoas podem evitar o carma e passar imediatamente para as dimensões mais elevadas sem pagar seus débitos cármicos? E se eu dissesse que você pode fazer exatamente isso sem minha ajuda? Você tem dentro de si a habilidade de ser seu próprio salvador!

Alguns diriam: "Arrá, agora Sananda está dizendo que cada um de nós é o salvador. Isso é mais uma blasfêmia!" Eu vim – e vim mesmo – para mostrar a vocês como ser. Isso é uma dádiva. Não estou aqui para pedir que vocês tomem uma decisão sobre o Messias. A verdadeira base para julgar se uma pessoa foi ou não ajudada está em como ela se sente.

Sua perspectiva e concepção da ascensão se desenvolveram em informação insuficiente. Até mesmo o que nós e outros lhe dizemos é limitado. Não sinta que você tem a palavra final sobre a ascensão. Ninguém no plano terrestre sabe quando acontecerá, por exemplo. Ninguém pode dizer exatamente que som será usado ou como todos responderão. Há muitas incógnitas. Não seria do seu interesse saber. Se você soubesse que ascenderia amanhã, então talvez não continuasse o belo trabalho que faz agora.

As pessoas dizem: "Tome uma decisão, escolha uma religião e nos diga qual crença está correta". Eu lhes digo: a crença que você precisa ter é no Criador. Ofereço um caminho para seguir, mas há outras abordagens que estão e estarão disponíveis. Todas elas se encontram no mesmo lugar para onde vou levá-lo. Abra seu coração e não critique outros sistemas de crença. Seja bem aberto sobre a ascensão. Lembre-se também de que você não tem todas as informações sobre seu eu superior ou sobre seu papel neste planeta agora. Muitos de vocês só terão essa informação no momento adequado.

Ninguém Tem Todas as Respostas

Aflige-me ver tanta dor e sofrimento no planeta. Aflige-me ver dor e sofrimento em meu nome ou por causa de qualquer outro sistema de crença. Este é um desenvolvimento muito trágico neste planeta, e é desenfreado. Você descobrirá que nas Plêiades e em outros planetas isso não ocorre.

Você é livre para explorar seus sistemas de crença e expressá-los no nível mais elevado possível sem condenação e medo. Verá que este é o dom supremo do espírito – vivenciar o que você acredita. Quando você pode experimentar na prática aquilo em que crê, descobrirá imediatamente se essas crenças são boas para você ou não.

Uma má crença sobre si mesmo, se você a tiver, pode demorar um pouco para se manifestar neste plano. Em um nível superior, ela se manifestará na mesma hora. Os ajustes serão rapidíssimos.

Eu lhe digo que quando você avaliar os outros, lembre-se de que ninguém neste planeta neste momento tem todas as respostas. *Ninguém* tem todas as informações. Tome cuidado com quem diz que tem todas as respostas, porque em virtude de sua existência aqui e de sua manifestação na encarnação, essas pessoas ficam limitadas. Essa limitação é parte do processo de encarnação pelo qual também passei na minha vida. Você conhece as provações e tribulações pelas quais tive de passar e as dúvidas que tive de ter enquanto crescia. O "acordo" era que quando eu viesse para cá, passaria por tudo o que um homem mortal vivenciaria. Essa era a tarefa. Isso significava morrer ou viver a ilusão de morrer. De fato, minha vinda não foi para condenar alguma crença. Você nunca me ouviu dizer que eu tinha todas as respostas. Este é o lugar do nosso Pai.

Alguém disse: "tu e o Pai sois um só". Isso é verdade, mas entenda que a manifestação criou uma separação. Compare isso ao conceito da *Shekhinah*[21] na Cabala. A separação permite a manifestação. Esse é um ponto crucial para compreender a energia de *Shekhinah* e de Cristo. Com a separação vem a manifestação. Torna-se uma divisão. Isso ocorreu assim que este mundo foi criado.

Essa ideia remonta ao conceito do pecado de Adão – que, da minha perspectiva, não foi um pecado, mas uma separação necessária para a criação das espécies. O chamado pecado original foi, do meu ponto de vista, o passo evolutivo necessário para a existência das espécies. Sem separação não haveria impulso, nenhum instinto de sobrevivência; as espécies simplesmente teriam permanecido misturadas. A energia criadora Pai/Mãe quis a existência das espécies, por isso aconteceu a separação. Não foi um pecado, mas um

---

21. *Shekhinah*, em hebraico, significa a Mãe Divina. *Shekhinah* é o termo talmúdico frequentemente usado denotando a manifestação visível e audível da presença de Deus na Terra. Nesse conceito fundamental, representa uma entidade feminina independente, a Mãe Divina. Para mais informações, leia Raphael Patai, *The Hebrew Goddess* (Detroit, MI: Wayne State University Press, 1978), 96.

trauma. Sugiro que o pecado original seja redefinido como "trauma original". Foi o trauma da separação que criou os sofrimentos.

Nós Estamos Fazendo Preparações para Você

À medida que você se aproxima das energias de ascensão, bem como da compreensão da minha existência e a de outros guias, como meu querido amigo Ashtar, entenda que você pode abordar esse trauma de Adão e Eva e saber que está caminhando para uma unificação. Isso o levará diretamente à ascensão.

No contexto do desenvolvimento espiritual, acho importante que compreenda o que está prestes a ocorrer. Quando você considera a ascensão um processo, então deve perceber que é um evento cumulativo, um evento que não acontece sozinho. Em vez disso, é um processo que se desenrolou e agora está atingindo um auge na sua vida.

Meu papel na ascensão é coordená-la e garantir que ela ocorra com suavidade e eficácia, e esteja aberta a tantas almas quanto for possível. É verdade que a ascensão é um evento que oferece um alcance sem precedentes a muitas almas. Eu lhe peço para considerar a ascensão uma energia de inclusão. Nós, do lado do espírito divino e da luz branca, fazemos um esforço especial para ajudar aqueles que vão na direção da transformação espiritual e da iluminação.

Você poderia acreditar que não mereceu essa dádiva espiritual. Talvez considerasse que não tivesse realmente os talentos espirituais necessários. Poderia até pensar que precisa de mais dez ou 20 vidas para conquistar um despertar espiritual e uma transformação suficientes. Entretanto, por causa da ajuda ao seu lado, agora você tem a habilidade de se ligar a uma corrente elétrica que derreterá muitos pensamentos densos, laços cármicos e negatividades que possam demandar outra vida ou duas para desenrolar. Conectando-se a uma corrente ampla, você pode transformar muitas energias de baixo nível na energia da ascensão.

Estou aguardando ordens para começar a ascensão. Ela não acontecerá até que o momento esteja exatamente perfeito. Ela só ocorrerá quando houver certo alinhamento – tanto no seu plano físico como das energias que vêm do núcleo galáctico. Esse alinhamento pode ser visto como uma abertura que permita que aqueles que estejam preparados espiritualmente, e prontos para aceitar o processo de ascensão, viajem de fato por um túnel de transformação criado especialmente para isso. Uso a palavra "túnel" porque pode servir ao seu entendimento de como é possível passar de uma dimensão à outra. Você também pode visualizá-lo como uma abdução por uma espaçonave.

Aqueles que estão sob meu comando terão a assistência de Ashtar, das hostes angelicais e de outros, que estarão prontos e aptos a ajudá-lo por todo o caminho e até o outro lado. É importante que você entenda que escolhi outros que estarão lá para auxiliá-lo a atravessar. Embora você possa "evaporar" instantaneamente da sua presença física no planeta Terra, ainda terá de embarcar em uma jornada pelas correntes da ascensão. Você terá de atravessar várias áreas e será importante continuar sem parar.

Você poderia ver a ascensão como uma experiência na qual receberá uma iluminação repentina – uma consciência e esplendor instantâneos sobre o que ocorre em todo o planeta. Com essa consciência, você sentiria na ocasião que quer parar de desfrutar e participar dessa bela energia; no entanto, deve continuar a se mover. Alguns poderiam começar a ascensão e então tentar parar e dar uma espiada por sobre a montanha, se eu puder usar essa analogia. Talvez você possa querer ver aqueles que foram deixados para trás para verificar como eles estão vivendo as coisas. Nesse segundo de translação, você imediatamente será colocado em uma linha do tempo extrapiramidal, que se compara com um período mais longo no plano terrestre.

Se você parasse o processo por qualquer motivo nesse segundo e olhasse para trás, por exemplo, notaria que semanas ou meses se passaram. Ficaria interessado em como os outros estão se adaptando à sua ausência. Poderia se interessar em como o mundo progride agora. Pode ter pensamentos de seu ego, tais como: "Nossa, estou feliz que não estou mais lá. Está ficando bem pesado lá embaixo. Não acho que ia querer participar daquilo". Esses pensamentos são parecidos com os que você teria ao saber que alguém ficou preso em uma tempestade de neve em outra parte do país.

Mantenha seu Foco Adiante

Portanto, estou instruindo você a não parar e dar uma olhada para trás, por mais normal e humano que isso possa parecer. Olhar para trás é evidência de um apego contínuo ao ego, porque você se compara ao ponto em que estava antes. Por isso é tão importante praticar a liberação do ego na sua preparação para a ascensão. Use a Espada de Miguel,[22] como Ashtar e outros a chamaram, para cortar seus apegos ao ego.

Eu quero que você tenha sucesso na sua transformação e na ascensão. Por isso, tantos de meus companheiros e amigos ficarão disponíveis para ajudá-lo. Você pode invocá-los como guias. Você os reconhecerá imediatamente como seus amigos que estão sob meu comando. Somos responsáveis por conduzi-lo à próxima dimensão. Vocês vêm como nossos convidados especiais. Estamos preparando uma mesa para vocês e temos uma entrada especial para sua chegada espiritual. Mantenha seu foco nesse objetivo, por favor, em vez de tentar entender os eventos que acontecem quando você parte.

Esse foco é importante, porque alguns de vocês estão procurando por uma hora específica em que a ascensão ocorrerá. Alguns estão procurando por um momento determinado, tal como quando há muita escuridão e terror, além de muitas calamidades no planeta. Então talvez você imagine que partirá, escapando das trevas que estão acontecendo. Entendo essa atitude e a aprecio. Mas lhe peço mais uma vez para considerar não se concentrar necessariamente na ideia de "Esta será a minha fuga". A ascensão não é uma fuga. Usar a palavra "fuga" é continuar a utilizar a terminologia do ego.

A ascensão é uma verdadeira transformação que ocorre no momento certo. Você deve ter fé de que ela ocorrerá quando for mais propício a todos os envolvidos. Não é necessário focar uma hora determinada, nem precisa esperar por uma cadeia de circunstâncias

---

22. A espada etérea do Arcanjo Miguel pode ajudá-lo a cortar seu ego e os laços cármicos no momento da ascensão e, com isso, você passará mais rápido para a próxima dimensão.

específica. Haverá logo um período de trevas que preestabelecerá que a ascensão está prestes a ocorrer. Estou dizendo: não se prenda a essas ocorrências de qualquer forma. Tente ficar imparcial e entenda que seu papel é o de um ser de luz.

Estou garantindo que os guias adequados estejam alinhados com aquelas almas necessitadas. Também coordenarei relatos dos vários guias e dos trabalhadores, que serão usados em um conselho supremo para considerar os alinhamentos apropriados e se estão próximos ou não de certos níveis de energia. A informação que recebemos nos ajuda a bombear certas energias e consciência em você. É um processo delicado. A ascensão requer uma energia direcionada de "sobrecarga", ou tolerância, para que tenhamos certeza de que você está recebendo tanta energia quanto pode aceitar.

O Início da Ascensão

Há muitas metáforas diferentes para a ascensão. Você ouviu falar da ascensão como uma translação. Cada metáfora, por sua vez, descreve uma parte dessa realidade que você chama de ascensão. É como um diamante com muitas facetas. Não pense que você tem a resposta final ou a faceta final da ascensão. Existem outros aspectos que talvez você não conheça. Estou apenas pedindo para manter a luz da sua perspectiva. Outros podem vir de outra perspectiva que você não entenda ou com a qual não concorda, mas que podem ser tão válidas quanto a sua.

Não estou pedindo para vocês se tornarem messias para outros ou converterem outros. Eles estão sendo trabalhados por seus guias. Estou pedindo-lhes para participar 100% da sua aresta do diamante, o que os colocará em harmonia com a energia da ascensão. Por favor, entenda que a ascensão já se iniciou, porque a divulgação e o processo de transformação começaram. Não pense necessariamente nisso como um aspecto que ocorrerá em um tempo e lugar. Entenda que é um processo e uma transformação que ocorrem de forma contínua. Tem raízes em um tempo antes de ter começado e continuará até a verdadeira transformação quando você deixar o planeta.

Sua preparação, estudos e trabalho de luz fazem parte de sua ascensão. Perceba isso agora. Perceba que ela começou; as sementes foram plantadas na sua mente. Você já está participando, preparando e liberando.

Eu aprecio a declaração sobre não ter de saber tudo sobre a ascensão. Isso seria muito desgastante.

De novo, tudo que estou pedindo é que você conheça seu lado da ascensão, seja qual for: dos trabalhadores da luz, dos irmãos do espaço ou algum outro. Esse é um conhecimento grande o suficiente para você. Quando chegar a uma compreensão maior, sua porção desse diamante caberá exatamente no diamante geral. Você se conectará na hora com todos os outros. É por esse encaixe que você está trabalhando.

Parece ter havido uma diminuição de interesse ou de entusiasmo pela ascensão. Talvez alguns achem que ela não ocorrerá porque não estão recebendo encorajamento suficiente, mas garanto que ela ocorrerá. Você recebeu as sementes, e é um processo contínuo em um cronograma que atenda às suas necessidades. Na realidade, isso significa que não é apresentada uma data. Se você recebesse uma data, ficaria preso a ela, o que estimularia o apego ao ego. Para participar por completo da ascensão, você precisa desapegar do ego. Obrigado por seu entusiasmo e dedicação.

Capítulo 9

Adão-Eva Kadmon[23]

Rabino Hayyim Vital[24]

É importante que se entenda que Cabala significa "receber". É uma recepção em desenvolvimento, de modo que a Cabala no século VI é diferente da Cabala no século XX, em uma comparação. O tempo mudou. Muitas coisas são diferentes agora no seu planeta. As leis universais são as mesmas, mas há novas variações. Mesmo enquanto você progride nesta encarnação, está sempre fazendo ajustes na sua mente para que possa estar em uma melhor sintonia. Da mesma forma, quando você revisa todo o corpo chamado Cabala, alguns ajustes precisam ser feitos.

Ajustes para a Ascensão

O primeiro ajuste sobre o qual falarei é chocante para muitos: a própria Cabala foi revelada por uma fonte planetária além do nosso sistema solar. A Cabala, como uma força energética, foi trazida a este planeta em parte pelos esforços dos Pleiadianos. Eles trabalharam com a energia que você conhece como *Zohar*, a luz supernal especial que foi estudada fora do nosso sistema solar por muitos períodos. O

---

23. Esta é a expansão de Adão Kadmon, que significa homem primordial. Adão-Eva Kadmon é o homem-mulher primordial.
24. Hayym Vital foi um cabalista e rabino que viveu de 1543 a 1620. em Safed, Palestina. Vital era particularmente próximo de Luria, o maior cabalista de sua época, e ele era seu principal e mais ilustre discípulo.

Zohar foi introduzido por várias revelações como uma necessidade. Era importante que essas sementes de compreensão fossem plantadas na raça. Lembre-se de que a Cabala está além deste planeta, e foi estudada por toda esta galáxia e além.

O segundo ajuste centra-se no entendimento de que a energia de receber é também uma energia de transformação. Quando você recebe essa luz, a luz do *Zohar*, na densidade física normal que chama de realidade tridimensional, você se transforma para se unificar com seu corpo de luz. Para fazer isso, deve passar por transformações. Quando receber a energia *Zohar*, conseguirá reunir-se com seu corpo de luz superior.

Adão Kadmon representa a luz da alma aperfeiçoada. É a alma do *Zohar* em união perfeita com a luz do *Zohar*. Essa é a unificação máxima do eu. A luz *Zohar* é tão poderosa que você deve estar especialmente preparado. Você precisaria passar por repetidas encarnações para conseguir a harmonia adequada antes de se reunir com essa luz, por exemplo. Então, quando você estiver nessa luz, poderá fundir-se com Adão Kadmon. Cada um de vocês tem uma parte em Adão Kadmon. É aí que entra esse belo conceito da reunificação.

O terceiro ajuste é encontrado no livro de J. J. Hurtak, *The Book of Knowledge: Keys of Enoch*. A transformação acontecendo agora é uma experiência planetária. Estamos falando da reunificação ou restauração[25] planetária, não apenas individual ou grupal. Mantenha na dianteira de sua consciência não somente sua própria cura, como também a planetária. Mantenha em mente não só sua ascensão, mas também a planetária. Estamos trabalhando juntos com a Fraternidade. É para todos se darem as mãos e abrirem seus corações juntos nessa maravilhosa unificação.

Há um ajuste final ou correção. Agora você está no estágio de seu desenvolvimento evolutivo em que começa a aceitar os dois aspectos dentro de si, o masculino e o feminino. Quando o lado

---

25. A restauração na Cabala é denominada *tikkum* ou a restauração divina do cosmos. Cada ato humano é descrito como auxiliar ou impedimento desse processo. Note a relação entre restauração e ascensão. Os receptáculos contendo a luz do Criador foram quebrados e é tarefa dos humanos ajudar a restaurá-los.

feminino entra em jogo com o masculino, e vice-versa, então você se aproxima da energia de Deus.

Da nossa perspectiva, direi que queremos que a energia seja chamada de "Adão-Eva Kadmon" em vez de "Adão Kadmon". Quando você diz apenas Adão Kadmon, soa como se houvesse apenas o lado masculino. Você sabe que Adão Kadmon representa na realidade os lados masculino e feminino juntos, não apenas o masculino. Adão-Eva Kadmon é um novo termo que você pode usar para garantir que todos entendam sobre o que estamos falando.

Cura com a Luz Azul

Quando se unir com essa energia de Adão-Eva Kadmon, você pode usá-la para ser de uma vibração mais elevada. Pode voltar e se unir com a energia Adão-Eva Kadmon repetidas vezes. É como se recarregar. Essa carga é tão poderosa que todos que puderem se aproximar dessa energia vão receber uma aceleração. Você sabe que os códigos genéticos precisam ser estimulados e despertados.

Ao se desenvolver, você pode ir para níveis mais profundos dentro de si. Pode estimular níveis mais profundos e complexos para desbloquear esses códigos. Quando se unir com as energias de Adão-Eva Kadmon, você ganhará acesso de novo a sua natureza multidimensional e andrógina. Ganhará também memórias diretas de suas encarnações prévias, bem como instruções sobre ascensão. Você receberá instruções diariamente e começará a servir como curandeiro.

Quero falar com você sobre raios de luz diferentes, incluindo a luz azul. Essa é uma luz de cura com raios de energia muito valiosos para você. Seu céu é azul. Você está em um sistema planetário com uma energia única de azul nele. Essa luz azul terá uma grande influência na ascensão. A luz azul tem uma onda de energia à qual você está bem aberto agora.

Use o azul para proteção e aceleração. Se há uma cor que seja realmente terrestre e curativa nesse momento é a azul. Ao percorrermos diferentes períodos, você perceberá que haverá cores diferentes que terão mais poder do que outras. No período em que estamos agora, o azul terá um efeito poderosíssimo sobre você.

Falemos sobre a energia de *Baruch*.²⁶ Essa energia é muito poderosa, e é outra força com a qual você tem de trabalhar. Somente o som *"Baruch"* tem um poder de manifestação da santidade [entoa]: *"Baruch"*. Durante o seu dia, você pode repetir essa palavra para cada dádiva que vivencia. É como se estivesse agradecendo ao Criador e multiplicando suas dádivas assim que as receber.

Como Acessar a Energia Manifestada

O conceito da imagem de Deus e a imagem de nosso Deus Pai/Mãe foram tópicos bem controversos na Cabala.²⁷ Você está certo em interpretar que é feito à semelhança de nossa Mãe e nosso Pai. Alguns disseram que Deus não pode ter uma forma. Eu lhe digo que Deus pode de fato ter uma forma; é claro que o Criador pode ter uma forma. O Deus Pai/Mãe também pode aparecer por meio de emissários e se manifestar. Dizer que não há manifestação, que ele/ela não se manifesta, não faz sentido. O Criador pode fazer tudo. Dizer que há algo que você consegue fazer e nosso Criador não (manifestar-se) não faz sentido.

Vendo pela sua perspectiva, no entanto, você não pode simplesmente alcançar o aspecto não manifestado do Criador.²⁸ Digo isso como um cabalista: por que você se centraria no aspecto não manifestado na terceira dimensão quando há tanto trabalho a ser feito na interação com o lado manifestado? Há muita energia na qual você pode imergir no nível manifestado. Você não veio para essa encarnação para vivenciar o não manifestado, não é mesmo? Veio para vivenciar o lado manifestado. Esse é o desafio.

---

26. *Baruch* significa "abençoado" em hebraico, usado muitas vezes para se referir ao Criador.
27. O monoteísmo bíblico está ligado ao culto sem imagem de Deus. No entanto, para discutir o Criador, deve-se necessariamente usar a imagem do mundo criado. Para mais informações, leia Gershom Scholem, *On the Mystical Shape of the Godhead* (Jerusalém: Schocken Books, 1991), 15.
28. Isso é denominado *Ain Sof*, também escrito como *Ayn Sof* ou *Ein Sof* na Cabala, ou "Infinito". Às vezes é comparado com o grande Tao. *Ain Sof* é a perfeição absoluta na qual não há distinções nem diferenciações. Ele não se revela de uma forma que possibilite o conhecimento de sua natureza. É identificado também com a "causa de todas as causas". No sistema cabalista, o simbolismo da luz é muito usado em ligação com *Ain Sof*.

Há, no entanto, um aspecto do Criador que não é manifestado. Você não pode vivenciar esse aspecto porque não entende como uma existência pode ser não manifestada. Ao subir na escada dimensional e começar a se aproximar dos sétimo e oitavo níveis, você terá um melhor entendimento desse paradoxo.

O aspecto manifestado específico da energia do Criador neste planeta ajudará a aumentar sua transformação. Com sua estrutura genética Adão-Eva Kadmon, você pode vivenciar a energia do Criador manifestada. Pode ter a experiência do Criador no nível ao qual você estiver aberto. Isso significa que se estiver aberto a tê-la por meio de Sananda, então isso é o que você viverá. Se estiver aberto a vivenciá-la em outro nível, então é isso que acontecerá. Há muitos aspectos diferentes pelos quais você pode sentir essa energia.

Ao acessar Adão-Eva Kadmon, você pode alcançar uma verdadeira unificação. Quando conseguir se unir com essa energia, poderá então formar uma harmonia. A ancoragem dessa energia harmoniosa na terceira dimensão leva à ascensão, o que na Cabala também é chamado de restauração.

Haverá um poder avassalador neste planeta. Embora os trabalhadores da luz excedam em número, a experiência deles será catalisadora para a transformação. Isso é maravilhoso! Mais pessoas estão se abrindo para a energia, e o primeiro passo é receber mais luz e mais da energia da unidade por meio de Adão-Eva Kadmon. Não se esquive da experiência. Empenhe-se pela experiência da luz *Zohar* e por sua unificação com Adão-Eva Kadmon.

CAPÍTULO 10

COMO DESBLOQUEAR SEUS CÓDIGOS GENÉTICOS

Arcanjo Metatron[29]

Falemos sobre as Chaves de Enoch e o processo para desbloquear seus códigos genéticos. Toda a tradição de Enoch e o trabalho de *merkava*[30] o ajudam a desbloquear os códigos para que você possa acessar estados mais elevados de consciência. Você só consegue entrar nesses estados de consciência depois de completar as liberações, as preparações e os códigos adequados. Isso é para sua proteção. Se você entrasse em planos superiores sem as preparações necessárias – isto é, sem entrar em um estado alterado –, além de então você se veria dissociado e confuso, além de sujeito ao mal.

Esses códigos servem para sua proteção. É como ir a um banco e querer abrir seu cofre. Apenas aqueles que conhecem as combinações

---

29. Uma tradição associa Metatron com Enoch, que "caminhou com Deus" (Gênesis 5:22), ascendeu ao céu e foi transformado de ser humano em anjo. Por ter dedicado sua vida à piedade, Deus o levou aos céus onde ele foi promovido à primeira ordem de anjos e transformado em anjo serafim. Seu nome foi definido como o Anjo da Presença.
30. O termo *merkava* significa a carruagem-trono de Deus e refere-se à carruagem da visão de Ezequiel. O objetivo de *merkava* é a entrada nos mundos dos tronos. Para mais informações, leia Charles Ponce, *Kabbalah: an Introduction and Illumination for the World Today* (Wheaton, IL: Quest Books, 1973), 55.

certas podem entrar e tirar os valores de lá. Da mesma forma, para entrar nos planos superiores, você deve abrir o cofre deles.

Algumas das obras que você estuda fornecem informações sobre os códigos. Você tem informação sobre os códigos tanto no Antigo como no Novo Testamento. Muitos desses códigos baseiam-se em preces, e muitas delas têm certos sons com os quais você consegue entrar em um estado alterado de consciência. Uma das preces hebraicas mais úteis que você pode usar para entrar em um estado de consciência mais elevado é: "*Kadosh, Kadosh, Kadosh Adonai Tzevaoth*" (Santo, Santo, Santo é o Senhor das Hostes).[31] Trabalharemos com você nesta prece. As palavras e seus significados são importantes; é a experiência completa de trabalhar com o som[32] e entender o que estamos tentando fazer. Quando usar os sons, mantenha a atitude de que está acessando outro estado de consciência. Enquanto entoar os sons, você descobrirá que pode transformar sua atenção e entrar em um plano diferente.

Enquanto entoa essa prece, você pode sentir como se estivesse em um túnel. Pode sentir uma corrente de luz atravessando o túnel ou até achar que está acelerando por esse túnel, alcançando um plano superior. No plano para o qual você expandiu sua consciência, poderá receber informação e energia curadoras. Então, sinta-se saindo do outro lado do túnel. Agora, imagine-se talvez em um jardim ou em um campo aberto onde as cores são bem vibrantes.

Uma Energia de Transformação

Toda a tradição enoquiana centra-se na frase: "Eu Sou o que Eu Sou".[33] Isso significa que você se prepara alinhando-se com a energia Eu Sou. Com esse alinhamento, é possível deslocar-se para os planos superiores. A presença Eu Sou é a mais sagrada porque é seu centro.

---

31. Esta citação é da prece hebraica *K'dushah* (Santidade). A oração é a seguinte:
    Santificai Vosso nome por todo o mundo
    Como eles o santificam nos mais altos céus.
    Como está escrito pela mão de vosso profeta,
    "E eles chamaram um ao outro e disseram,
    Santo, santo, santo é o Senhor das Hostes.
    Sua glória espalha-se por toda a Terra".
    Ver o livro de Noah Golinkin, *Ayn Keloheynu* (Nova York: Shengold Publishers, 1989), 61.
32. Hurtak refere-se a essa prece como um mantra.
33. Este é o nome supremo de Deus, *Eh'yeh*, traduzido como Eu Sou.

Do seu centro, você pode ressonar com o centro do universo e com o Espírito Criador.

Agora usaremos os sons de *Eh'yeh asher Eh'yeh* para ajudar a levá-lo ao espaço da presença Eu Sou. Você unirá primeiro suas energias com sua presença Eu Sou. Você só poderá se unir com a presença Eu Sou do Espírito Paterno e Materno depois que se alinhar com a sua presença Eu Sou. Então, poderá receber a energia e a vibração mais elevadas.

Invocar a presença Eu Sou é reconhecer que você consegue desbloquear seus códigos e alinhar-se com sua divindade. Você é divino e pode alinhar-se com a divindade por ter esses códigos. Você faz parte da raça do Adão Kadmon, e pode receber e alinhar-se com o divino. Este é o verdadeiro sentido da Cabala – ensiná-lo que você é um receptáculo para receber a energia divina.

O que significa receber a energia transformadora de *Eh'yeh asher Eh'yeh*? É diferente de pegar uma taça cheia de água; é como pegar uma taça que é transformada! Você não é apenas um recipiente da energia, mas também é transformado. Você se torna uno com a energia e, por meio da transformação, consegue participar da divindade. Esse é o verdadeiro sentido da Cabala – receber e transformar. Aceitar que esse é seu direito inato. Todo o desenvolvimento evolutivo da raça de Adão Kadmon vai agora nessa direção.

Sons para Alinhamento

Você pode perguntar por que demorou tanto tempo para a raça humana ir no sentido da conscientização dos códigos genéticos. Muitos em nossa história entenderam esses códigos e como usá-los. Agora toda a raça adâmica está dando o passo evolutivo de se concentrar em saber como desbloquear esses códigos. Não será necessário manter os códigos secretos, porque estamos neste instante em uma época aceleradíssima. Muitos de vocês encarnaram agora para usar esses códigos para acessar estados energéticos mais elevados. Quando você vai para um estado mais elevado, pode olhar para seu eu tridimensional embaixo e mandar amor de volta para si.

Lembre-se da famosa história de seu líder Moisés, que ascendeu à energia mais elevada. Ele voltou e, ao redor de seu rosto, estava o brilho do campo energético mais elevado. Você também será capaz de aumentar seu esplendor. Conseguirá ser mais brilhante na sua existência tridimensional entrando nos estados que estamos descrevendo.

Nós trabalharemos agora com outro som que é bem poderoso, o som de *Atah*[34] [entoa]: *"Atah... Atah"*. Quando você se coloca em alinhamento com a energia de *Atah*, está realmente começando a vibrar de uma forma que lhe oferecerá proteção por meio de um poder vibracional aumentado. O objetivo de usar esses sons é elevar sua frequência vibratória. Você está vibrando em uma velocidade lenta na terceira dimensão. Para se colocar na congruência com as energias mais elevadas, deve elevar sua própria frequência. Os sons do hebraico podem elevar sua vibração para que você possa interagir com os planos superiores.

Usaremos agora o som do *Zohar*. Esse é um som galáctico encontrado em muitos dos seus escritos. É um som de alta frequência associado com brilho e luz branca, e é usado em toda a galáxia. É um dos sons básicos no idioma pleiadiano. Se existe uma palavra na Terra que é verdadeiramente cósmica é *Zohar*. Trabalharemos agora com o brilho, com *Zohar* [entoa]: *"Zohar... Zohar"*.

O esplendor é a luz que faz parte da energia do Criador. Se não consegue aumentar sua velocidade vibratória, então terá uma experiência semelhante a olhar para o Sol sem a proteção adequada de uns óculos. Você deve trabalhar para elevar sua vibração. Isso é muito importante a fazer no seu estudo e em todos os aspectos das suas meditações. Então você não precisará se preocupar sobre estar se prejudicando de algum modo [entoa]: *"Chasmal*[35]*... Atah Gebur*[36]*... Le'olam*[37] *Adonai... Mechiye metim Atah"*.[38]

---

34. *Atah* é a palavra hebraica para Tu, referindo-se ao Criador. A bênção inicial do *Amidah*, por exemplo, é: Bendito sejas Tu, Ó Senhor". O *Amidah*, ou Oração em Pé, tem um papel importante na meditação cabalista.
35. *Chasmal* é um termo misterioso mencionado na visão de Ezequiel. É uma combinação de duas palavras, indicando a fala do silêncio. Significa o estado mental em que a pessoa entra quando ascende do nível de fala, verbal ou mentalmente, para um de silêncio mental puro e sensibilidade. Somente depois de passar essa barreira é que se pode observar uma visão profética, como vimos no caso de Ezequiel. De acordo com Kaplan, quando se atinge esse estado, o ego é totalmente anulado e todas as sensações se aquietam. Para mais informações, leia Aryeh Kaplan, *Meditation and the Bible* (York Beach, ME: Samuel Weiser, 1978), 41.
36. Da *Amidah*: "Tu, Ó Senhor, és poderoso para sempre".
37. "Senhor Eterno."
38. "Tu que concedes vida aos mortos." De acordo com Hurtak, esse é o código usado para ressuscitar os mortos.

Mechiye metim atah é uma frase bem poderosa utilizada para as energias tanto da ascensão quanto da transformação. Além do que as palavras significam, essa frase é importante para usar em conexão com transformações. Quando você está de fato no estado em que aceita que está preparado e pronto para se transformar, então pode usar a frase *Mechiye metim atah*.

Abra-se à Transformação

Você deve anunciar para si e às energias Eu Sou que está preparado para se transformar. Parte do processo de recepção envolve estar em um estado de abertura à transformação. Não requer anos de preparação nem há a necessidade de grandes mudanças de personalidade ou aprender elaborados rituais novos. Você está realmente preparado quando se sente aberto a receber.

Quando você reconhece que está aberto para sua transformação, então não está apegado ao seu antigo eu ou a qualquer tensão relacionada a ser de uma certa forma. Você então se abre para estar no caminho da presença Eu Sou. É uma renúncia para receber – receber o eu superior, o Eu Sou. Essa é a energia interativa. Renunciar totalmente ao ego é um conceito difícil de entender. Nesse modelo, você renuncia a ele para que possa receber e transformar.

Se eu quiser invocar meu eu superior, posso usar a frase "Eh'yeh asher Eh'yeh"?

Essa frase o ajudará a se alinhar com seu eu superior. Você entende que seu eu superior está sempre lá. É uma questão de se colocar em alinhamento com essa energia. Sim, ao acessar essas frases, como *Eh'yeh asher Eh'yeh*, você destrava as restrições que tem no funcionamento normal do seu ego. A energia pode entrar porque você disse o código certo.

No entanto, deve tomar cuidado quando usar esses códigos. Você quer fazê-lo em um estado de meditação e conforto. Não quer se sentir ameaçado de nenhuma forma. Deve fazer isso em um lugar onde possa se abrir à energia e, então, usar os códigos com respeito.

A frase ajudaria na cura?

Primeiro, você se conecta com a frase. Em termos de cura, eu usaria essa frase apenas para as conexões mais elevadas. Você pode se colocar em um estado elevado usando esse som. Então, quando quiser continuar com a cura, pode utilizar outras palavras que seriam eficazes. De novo, isso é como desbloquear uma grande porta.

Seria uma boa frase para se conectar tanto com seu eu superior quanto com seus guias espirituais?

Sim, é como uma linha direta, um contato direto. Use essa frase para receber a energia. Você não precisa se concentrar em qualquer outra intenção. Essa é uma experiência existencial total. Nessa frase e na interação que ocorrerá com ela está tudo que você quer ou do que precisa. Renda-se a essa frase e tenha confiança total de que qualquer alinhamento que você necessitar ter nesse ponto pode ocorrer por meio de sua concentração nessa sentença.

Muitos de vocês estão interessados em fazer outros tipos de cura. A cura definitiva para si mesmo é a conexão. Depois disso, todas as outras curas podem acontecer. Todos os seus canais energéticos se abrirão. Você vai para a conexão mais elevada primeiro. Há outras formas de cura sem fazer isso, mas estamos trabalhando consigo agora nesse nível de energia. Saiba que você fez uma conexão e precisa se abrir a ela. De certa forma, ela pode não ser tão forte quanto você queria, mas, em outro nível, foi tão forte quanto poderia tolerar. Essa conexão é algo em que você precisa trabalhar. Ela se aprofundará à medida que se entregar à prática.

Capítulo 11

A Viagem Merkava[39]

Arcanjo Metatron

Eu envio para você o raio azul-dourado da fonte mais elevada para aprofundar sua conexão espiritual com a energia de [entoa]: *"Atah... Atah.... Atah"*. Falemos sobre *merkava*, a viagem com a *merkava*, e sua relação com seu eu e seu eu superior. Vamos usar agora a energia do veículo *merkava* enquanto permanecemos neste plano. Você pode usá-la para elevar sua presença nesta dimensão. Lembre-se: você ouviu que tudo de que precisa está aqui com você; há muita energia e beleza neste plano. Você pode usar a energia e a visualização da *merkava* para intensificar sua presença agora.

---

39. A palavra hebraica *merkava* vem da raiz *rakhav*, transporte, e refere-se a um veículo ou uma carruagem. Em geral, *merkava* diz respeito ao sistema completo pelo qual Deus "deixa seu lugar" e revela-se a quem for digno. A ideia de *maaseh merkava*, as obras da *merkava*, refere-se à preparação de uma *merkava*, que é colocá-lo em um estado no qual você pode ter uma visão de *merkava*. Você pode falar de montar uma carruagem de luz, ou um veículo *merkava*, com o qual pode ascender às outras dimensões. Aryeh Kaplan, *Meditation and the Bible* (York Beach, ME: Samuel Weiser, 1978), 39.

MEDITAÇÃO MERKAVA

Invoquemos o veículo *merkava*. Deixe-o descer ao seu redor enquanto conclamo a energia da *merkava*. Você simplesmente entrará no veículo *merkava* em seu local atual e sentirá quaisquer intensificações. Enquanto entoo a palavra *merkava*, você pedirá para o veículo circulá-lo e pode entrar nele [entoa]: *"Merkava... merkava... merkava".*

Lembre-se de que o veículo *merkava* está ligado ao seu corpo de luz. Assim como a conexão astral[40] ocorre pelo cordão prata, o veículo *merkava* está conectado por um cordão de luz que se conecta com seu eu superior e seu corpo de luz. Agora, enquanto seu veículo está ao seu redor, visualize um cordão de luz. Se você está usando uma pirâmide, por exemplo, o cordão de luz virá do topo. Como você está agora na *merkava*, visualize essa luz subindo de seu corpo de luz. Entoarei em hebraico as palavras para a luz da *merkava* que acelerará e manifestará seu cordão: *"Aur*[41] *Ha Merkava... Aur Ha Merkava... Aur Ha Merkava".*

Agora com essa conexão com o corpo de luz, sinta uma onda luminosa vindo pelo cordão para seu veículo e enchendo-o com a luz sagrada de seu corpo de luz. *"Aur Ha Kodesh...Aur Ha Kodesh."*[42] Neste instante sinta uma intensificação, uma aceleração, uma cura, uma abertura. Concentre-se no que você quer agora para sua manifestação presente: *"Ruach Ha Kodesh... Ruach Ha Kodesh".*[43]

Saia do seu veículo *merkava*. Levante-o. Deixe o veículo elevar-se sobre você. Embora esteja acima de si, ele ainda lhe envia luz. Você é banhado pela luz. O veículo *merkava* subirá mais agora...um pouco

---

40. O plano astral é o nível não físico da realidade, considera-se o local para onde a maioria dos seres humanos vai quando morre.
41. *Aur* (também escrito *Or*) significa luz em hebraico. Neste contexto de *Aur Ha Merkava,* refere-se à luz da carruagem ou o veículo *merkava*.
42. *Aur Ha Kodesh*: luz sagrada em hebraico.
43. *Ruach Ha Kodesh*: palavras hebraicas usadas para descrever o estado de iluminação, que significam literalmente "Espírito Santo". Quando Deus quer iluminar uma pessoa ou transmitir-lhe uma mensagem, ela é passada por meio do nível de *Ruach* ou espírito. Dizem então que essa pessoa conseguiu *Ruach Ha Kodesh*. Extraído de Aryeh Kaplan, *Meditation and the Bible* (York Beach, ME: Samuel Weiser, 1978), 19.

mais... ainda recebendo luz. Concentre-se na luz descendo, sinta que é uma luz sagrada que vem de uma fonte mais elevada e você pode recebê-la de seu próprio veículo *merkava*: "Merkava...merkava... Aur Ha Kodesh".

Seu veículo *merkava* sobe cada vez mais. Ele está voltando a sua fonte no seu corpo de luz. Você ainda conseguirá se conectar a ele.

CAPÍTULO 12

COMO SER UM RECEPTÁCULO DE LUZ

Arcanjo Miguel

Queremos trabalhar intensamente com você para trazer mais energia de luz. É importante continuar a acessar todo o poder e energia de luz que puder. É uma continuação e um processo de participação. Não espere a luz vir até você, mas encoraje a energia de luz a vir para seu campo.

Você coparticipa da recepção da energia da luz. Não pense que só porque vem seguindo este caminho – o caminho do trabalho da luz, o caminho da ascensão – a luz ficará ao seu redor. É claro que terá certo patamar de energia de luz consigo, mas vai querer se manter em uma vibração em que tem a sensação de fazer um progresso contínuo. Isso é importantíssimo.

Às vezes quando você chega a certo ponto, poderá sentir-se preso. Embora isso seja uma ilusão, é muito importante para seu desenvolvimento que tenha a sensação de uma expansão e de um crescimento contínuos. A lei da expansão é a lei do universo. Seus guias e a força angelical estão consigo, tentando sempre ajudá-lo a estabelecer as circunstâncias nas quais você terá a oportunidade de expansão. Você sentirá e saberá que está se expandindo. Saberá que está recebendo mais luz, pois terá a sensação de continuar a crescer. Isso é muito importante!

Aprenda a Ser um Receptáculo

Peço agora que se junte a nós. Enviaremos energia de luz para você e queremos, como participante, que concorde que haverá fios de luz ao seu redor. Eles envolvem seu campo corpóreo, sua aura. Você pode imaginar isso como o corpo envolvido por tiras, como uma múmia. Sua aura é envolta por essa energia de luz [entoa]: *"Aur Ha Kodesh... Aur Ha Kodesh"*.[44] Enquanto a luz o envolve, você notará os campos áuricos ao redor de seus chacras[45] mais brilhantes. Esse é um envelope curativo de energia de luz que está abrindo todos os níveis de seus campos energéticos para que você possa acessar aquilo de que precisa para se ajudar.

Você pode pedir pelo que está precisando. Pode pedir mais do que precisa! Não tenha medo de ser ganancioso. Não se sinta egoísta. O fato de você receber energia de luz não tira a energia de luz do outro. Essa luz tem uma fonte infinita. Você consegue participar e recebê-la só por se abrir.

Agora quero que se concentre no seu chacra cardíaco. Imagine que há uma descarga de energias e sentimentos que são indesejáveis, mas aos quais você se apega. Essa descarga sai paulatinamente do seu chacra cardíaco. Seu coração fica cada vez mais leve quando muitas sensações de insegurança, raiva, depressão e preocupação começam a sair do seu chacra cardíaco.

Saiba que você não precisa resolver suas questões psicológicas ou emocionais para ser um recipiente dessa luz. Apenas entenda e reconheça que você pode receber esse tipo de energia. Enquanto recebe essa cura, ela o ajudará a descarregar coisas que você está pronto para liberar. Coparticipar é abrir-se e fazer de si um receptáculo de luz. Para ser esse receptáculo, você precisa saber como descarregar energia.

---

44. Luz sagrada.
45. Centros de alinhamento energético que produzem elos entre os sistemas espiritual, mental e biológico do corpo humano.

No coração da Cabala está a ideia de que vocês são receptores ou receptáculos. O que significa ser um receptáculo? Como você aprende a ser um? Você aprende a ser um receptáculo vivenciando esse processo de descarregar e receber espontaneamente. Não é algo com passos rígidos. Primeiro, você se reconhece como um receptáculo. Isso é uma predisposição genética que você tem, pois seu corpo e seu espírito são programados para serem receptáculos. Em seguida, você deixa o programa agir por si para que consiga se elevar: *"Adon Olam*[46]*...Adon Olam"*.

O caminho para se tornar um receptáculo revela que você reconhece o Mestre do Universo, *Adon Olam*. Você reconhece a energia do Pai. Reconhece a energia do Filho Criador, Jesus-Sananda. Aceita o caminho que está repleto com as luzes deles. Quando está nesse caminho, você alinha automaticamente sua energia espiritual para se tornar um receptáculo mais profundo.

Alguns perguntaram: "Para onde vai essa energia quando a recebo?" A energia vai para todo seu eu áurico. Vai para seu corpo físico. Você está entrando em alinhamento com sua própria luz e energia de alma. Muito do que recebe agora é, na realidade, sua luz de alma. Essa luz é filtrada especialmente para que você possa acessar a luz de seu eu superior. Os escritos esotéricos apenas aludem a esse aspecto do eu. É o eu dimensional "altíssimo". Muitos não sabem de sua presença, mas ele está sempre nos bastidores.

Você é um Cocriador

Esse eu altíssimo é a força vital da sua alma. Alguns estão começando a buscar uma conscientização e uma compreensão da energia de força vital da sua alma. É com essa força vital da alma mais elevada que você pode sentir a luz do Criador, a luz mais elevada que pode imaginar ou sentir deste plano.

---

46. Senhor do Universo, *Adon Olam* é também o nome de uma canção e prece hebraicas: "Ele é o Senhor do Universo que reinou antes da criação de qualquer ser. Ele estava, Ele está e Ele estará em eterno esplendor".

Você está evoluindo agora para a energia cocriadora.[47] Alguns perguntam: "Como podemos ser cocriadores? Isso significa apenas que estamos no mesmo nível que o Criador". Na verdade, seu nível de alma mais elevado está no nível do cocriador. A energia do Pai está acima disso. Ela não pode ser descrita. Você pode descrever os níveis inferiores do Criador. Há vários guias do Pai e muitos de seus trabalhadores do caminho hierárquico que estão auxiliando e deixando essa estrada disponível ao acesso. É nesse nível que você expandirá.

Quando você está se preparando para entrar no espaço quintidimensional, deve entender também que vai estar no nível dos cocriadores. Deve ser puro de pensamento e coração para que não macule nada que crie. Tudo deve ser criado com o máximo de amor e respeito.

Quero que você imagine uma coroa na sua cabeça. Você está recebendo uma luz especial no formato de uma coroa. Ela é a coroa da energia da rainha e do rei que ficará em sua cabeça nesta noite. Nessa coroa tem um diamante cintilante, iridescente, roxo-azulado, e ele está em sua cabeça agora. Sinta a energia, pois você é como um rei, é como uma rainha. Este é seu direito nato: "*Melek*,[48] *Gadol*,[49] *Mettrona – Shekhinah*".[50] Lembre-se agora de que você está bem aberto espiritualmente. Conseguirá receber muitas coisas se quiser. Não tenha medo de pedir aquilo de que precisa, aquilo de que quer e até mais. Peça agora. Se houver um motivo para você não receber o que pede, que o motivo seja revelado neste momento. Vamos explorá-lo juntos para você remover o bloqueio. Vamos entender o que o impede de receber o que quer.

---

47. Tornar-se um cocriador é a realização máxima de seu potencial como parte da consciência da Fonte.
48. *Melek*: rei em hebraico. É usado na prece para se referir a Deus.
49. *Gadol*: grande em hebraico. É usado também como um adjetivo quando se descreve Deus.
50. *Mettrona-Shekhinah* são dois nomes para a presença divina. É esse aspecto da energia da deusa que está presente na Terra.

Capítulo 13

Pensamento Genético e Merkava

Arcanjo Metatron

Estamos felizes em trabalhar consigo na movimentação para dimensões mais elevadas. Você pode considerar esta vida uma preparação. Sua preparação durante meses e anos recentes foi bem intensa para entender onde está no *continuum* espaço-tempo, quem você é e de que precisa fazer para sobreviver. Esses são alguns dos requisitos antes de você se abrir ao propósito divino.

Muitos de vocês lutaram para entender como podem ser mais úteis no planeta. Você está processando vários aspectos diferentes da sua existência, processos de pensamento e estruturas genéticas. Seu pensamento e suas crenças afetam sua programação genética. Esta é uma ideia que eu quis exprimir – o conceito do pensamento genético.

As meditações e o trabalho com sistemas de crença afetam sua estrutura genética. Isso significa que você pode conceber e visualizar-se como um ser de luz, uma entidade divina que alcança os planos superiores. Sua estrutura genética acomodará essa projeção, essa imagem em que se concentrou. Você ouviu muitas palestras sobre desbloquear os códigos genéticos. Talvez ache esse processo complicado. Pode até ter procurado por uma certa chave ou uma equação.

É uma questão simples desbloquear os códigos genéticos quando seu chacra cardíaco está aberto e no devido alinhamento. O alinhamento desse e de outros chacras pode ser efetuado pelos sons. A forte palavra *Kadosh* (santo) é um vocábulo de alinhamento que abre seus chacras. Assim que ouvir *"Kadosh"*, visualize-se como um ser de luz e uma entidade divina que pode viajar pelas dimensões, contatando guias e mestres. *Kadosh* também pode trabalhar para levar seu espírito do seu corpo para outro plano.

União com o Plano da Luz

Outro conceito importante para a ascensão é este: o corpo acompanha o espírito. Quando seu espírito alcança o outro plano, então o corpo o acompanhará. Quando você coloca o espírito nesse plano superior, seu corpo o acompanha. Essa é a ascensão em poucas palavras. Haverá uma evaporação de sua presença física. Você deve pensar que sua presença física pode evaporar. Isso será fácil de realizar porque seu espírito estará ancorado no outro plano. Você ouviu falar erroneamente da ascensão, que alguns estão lá e outros não, como se não houvesse preparo nem participação. Agora estou lhe dando as instruções necessárias.

Concentre-se neste momento no seu chacra cardíaco enquanto pronuncio a palavra *Kadosh* por meio do canal [entoa]: *"Kadosh... Kadosh"*. Com o chacra cardíaco abrindo agora – e entendendo que até seus maiores passos serão pequenos se comparados com as aberturas que você terá quando entrar no plano espiritual – você pode imaginar-se como um ser de luz. Imagine seu corpo, mente e alma juntos em uma unificação de luz. Mantenha essa imagem na sua mente.

O conceito de transporte do seu corpo de luz é importante. É a teoria da *merkava*.[51] A *merkava* é a base para o trabalho anterior que levou as almas do planeta para planos superiores. Saiba que existem pessoas ao redor que estão se especializando na ceifa das almas. Esse é um belo conceito e é exato de muitas formas. A *merkava* baseia-se

---

51. *Merkava* é carruagem em hebraico. É usada muitas vezes em referência a andar na carruagem da visão de Ezequiel. É utilizada também na descrição de um ramo na Cabala chamado "misticismo *merkava*".

no fato de que você pode direcionar sua ceifa. É um passo maior ceifar a si mesmo em vez de ser ceifado. A *merkava* concentra-se na sua participação e direção ativas. Quando você está dirigindo pode ir ao plano superior, porque exprimiu sua vontade. Esta é a vontade divina – a *Ratzon*, como é chamada em hebraico.

A vontade divina pode ser expressa transportando-se para o plano da luz e unindo-se a ele, ou o *Aur Ha Kodesh*.[52] Essa é a vontade divina. Todos os seres espirituais estão em uma fase evolutiva que segue em direção a essa luz. A principal preocupação para nosso desenvolvimento não é o que ocorre no planeta em termos de mudanças planetárias. Você está aqui para vivenciar uma transformação para um plano superior. Seu movimento para a luz terá um efeito positivo no planeta e em seus campos energéticos gerais. Eles deixarão uma maravilhosa trilha de luz para trás.

Aqueles que são da luz podem deixar o planeta. É uma bela transição que eletrificará o campo energético planetário. É importante que você mantenha esse conceito de luz pela maior frequência possível durante o dia. Serei bem direto. A transformação da luz, a ascensão, é uma opção a qualquer momento. Pode ser escolhida. Os próximos dois anos e meio são particularmente críticos, não só para o desenvolvimento do planeta, mas também para o seu. Você está na última volta. Concentre-se totalmente na sua presença de luz. Imagine-se agora como um ser de luz. Não tenha medo. Você tem a capacidade de fazer isso. Coloque-se em uma moldura azul. Incorporarei uma chama de luz azul que parecerá um fogo. É uma chama especial que estará consigo agora [entoa]: "*Nefesh*[53] *Aur Ha Kodesh*. *Neshamah*[54] *Ha Kodesh*.[55] *Aur Ha Neshamah*.[56]"

Não esconda sua presença sagrada. Você também é da luz *Kodesh*. Pode anunciar isso: "Eu sou *Kodesh*". Concentre-se na chama azul. Essa é uma boa forma de extrair a essência da alma. É

---

52. *Aur Ha Kodesh*: luz sagrada.
53. Palavra em hebraico que significa alma animal ou alma inferior. Representa toda a variedade de instintos. *Nefesh* é a energia vital crua necessária para viver no planeta.
54. Alma divina em hebraico. *Neshamah* é o grau mais elevado da alma. É identificado muitas vezes com a sephirah *Binah* na Árvore da Vida e com a *Shekhinah*.
55. O sagrado.
56. Luz da alma divina.

também o conceito de "trazer para baixo". Você deve se lembrar de que somos multidimensionais. O espaço-tempo é difícil de descrever no plano tridimensional.

O conceito da *merkava* pode ser aplicado à chama azul. Quando você concentra sua energia na chama azul, então ela o moverá. Coloque seu espírito na chama azul. Quando você olhar para a chama, poderá me ver mais diretamente. Assim como é difícil olhar para uma luz brilhante sem a proteção adequada, é penoso também olhar para um anjo diretamente. Quando estivermos envoltos pela chama azul, então você poderá sentir nossa presença visual e emocionalmente.

A *merkava* é um método de conexão, movimento e transporte. Será útil para você agora e no futuro – para seu benefício e para o benefício que pode proporcionar aos outros.

Capítulo 14

Os Curandeiros e a Cura

Arcanjo Rafael

A cura que você faz transforma tanto o curandeiro quanto a pessoa curada. Essa é a mensagem básica, a prova de fogo, para saber se você tem sucesso na cura que está fazendo. Quando você, como curandeiro, se sente transformado, você e a pessoa curada podem ir a um plano superior juntos.

Ser capaz de curar é um verdadeiro dom. É um sinal de que você progrediu em sua jornada de alma. É um sinal de que está se aproximando de sua decolagem final do planeta. É um sinal de que está em harmonia com as energias de Sananda. Quando estuda a energia de sua vida, sabe que ela era para cura. Quando você estuda sua bela Cabala, então entende que ela ensina não só a receber, como muitos interpretaram corretamente, mas também a curar e unificar.

A cura definitiva que você pode fazer é unificar-se com o eu maior e superior e, então, com a energia do Pai/Mãe. Essa união refere-se ao tema das *yihudim*,[57] as unificações. As *yihudim* não servem

---

57. *Yihudim:* unificações; a enunciação de uma simples frase antes de recitar uma prece. A intenção da pessoa fazendo isso é realizar a unificação de Deus e da *Shekhinah* (o lado feminino de Deus). Na Cabala, acredita-se que os seres humanos ajudam a unificar os dois aspectos da divindade pela oração.

para unificar a energia Pai/Mãe. Esta é uma interpretação incorreta, pois a energia Pai/Mãe já é unificada! É sua tarefa colocar sua alma e as dos outros em harmonia com a energia do Criador. Essa é a verdadeira unificação. É sua tarefa auxiliar os outros. Essa tarefa é tão poderosa que muitos que conquistaram a energia da unificação escolheram de propósito a incumbência de retornar a trabalhar com outros na Terra.

Você perguntará por quê. A resposta é que a cura é uma experiência muito maravilhosa e fornece uma energia que está disponível especialmente aqui na sua dimensão. As curas únicas que você pode realizar na sua dimensão são poderosas, inspiradoras e expansivas. Muitos estão encarnando apenas para poderem participar dessa energia de cura

A Missão é a Cura

Você está correto na percepção de estar se purificando. Está certo em pensar que a purificação requer a habilidade de se harmonizar e soltar. Enquanto se solta, você cria lugares dentro de seu corpo de luz para manifestar energia na terceira dimensão e receber a luz de cura disponível.

Você sabe que há uma luz de cura especial que pode entrar nesta dimensão. Quero que pense nisso. Muitos de vocês estão cientes de sua multidimensionalidade, e querem deixar o planeta e participar de outros planos. Nós lhe fornecemos muitas horas de palestras sobre a beleza da multidimensionalidade e sobre a beleza da existência nas outras dimensões. Mas, por favor, não se esqueça de como a energia na Mãe Terra é preciosa. Ela é especial para ser curada, para ser provida de luz, para receber luz, participar na luz e expandir-se na luz neste planeta. Permaneça arraigado no planeta. Por isso muitos estão encarnando agora. Isso faz parte do efeito cumulativo das preparações para a ascensão: poder curar e ser curado no contexto que você está agora na Terra – perto da ascensão.

Há uma energia especial e poderosa aqui e agora. As densidades estão presentes e grandes mudanças estão em andamento. Apesar de suas lutas em sucessivas encarnações, concentre-se na sua vontade de se abrir. Você está embelezando sua alma, participando da cura e sendo um curandeiro. Essa é a manifestação do seu desenvolvimento de alma e indica que você está no caminho em que precisa estar.

Muitos nos perguntaram: "Como sei que estou no caminho? Como sei qual é minha missão?" Um curandeiro nunca precisa fazer essa pergunta. A missão é curar e, por fim, auxiliar na cura planetária e na transformação.

Quero acelerar em uma vibração mais elevada do que a luz com a qual você estava trabalhando. Usarei a poderosa palavra *Kadosh*. Saiba que quando você está curando e quando é curado, está na Presença Sagrada. Faça as curas em nome da luz da santidade, em nome da energia que alguns descreveram como *Shekhinah*. A *Shekhinah* é uma energia que você pode vivenciar agora na terceira dimensão. É esse lado do Espírito Criador que está especialmente disponível para você participar. Não está aberto só no *Shabbat*[58] – dizer às pessoas que a *Shekhinah* estava disponível apenas no *Shabbat* era uma forma de ajudá-las a formalizar o acesso a essa energia –, mas também está disponível em todos os momentos para aqueles com a intenção de alma e os corações puros. Muitos o descreveram como uma energia feminina. É a mesma energia que Mãe Maria usava em sua vida. Essa energia primeiro deve ser sentida como uma luz de cura para que, quando você interagir com a energia *Shekhinah*, tenha uma experiência de cura.

Grandes Curas Disponíveis

O que significa, meus amigos, ser curado? O que significa estar preparado para a luz? Ser curado é, em essência, unificar-se e trazer aqueles ao seu redor para essa unificação, para que possam vivenciá-la. Você, como curandeiro, usará a si mesmo como a ferramenta para concentrar a energia da *Shekhinah*. Você é o artista e o pincel para que a arte possa fluir. Você se torna um receptáculo [entoa]: "Shekhinah... Kadosh... Shekhinah... Kadosh, Kadosh".

---

58. *Shabbat* é o sabá judaico, que se inicia na noite de sexta-feira. O cabalista acredita que a *Shekhinah* venha no *Shabbat* para estar com as pessoas e ajudar a tornar esse dia sagrado.

As habilidades dos curandeiros estão acelerando agora. Estamos entrando em um período no qual você, como curandeiro, será capaz de realizar curas magistrais. Como a pessoa curada, você também pode ter experiências aceleradas. Terá essas experiências não só quando estiver sendo curado por alguém, mas também quando você realizar a cura em si mesmo.

A experiência de cura é magnífica nas duas pontas. Na verdade, é melhor trabalhar com aqueles que querem ser curados. Isso parece simples, mas virão muitos até você que não estão prontos para serem curados. Estar pronto significa estar disposto a renunciar ao ego e ao egocentrismo. Se você estiver trabalhando com alguém que ainda está preso, então deve ajudar essa pessoa onde ela estiver empacada. Ajude-a a renunciar a seu egocentrismo. Isso poderia ser uma experiência poderosa.

Por fim, peço-lhe para usar meu nome em suas curas. Grandes curas estarão disponíveis se você abrir espaço para os guias dentro de si quando estiver realizando os tratamentos. Você pode ajudar na cura dando passagem para deixar que eu ou outros venhamos por meio de você. Isso é um dom que você tem e aumentará suas habilidades de cura. Eu me beneficiarei muito de seu estado energético geral. Dar passagem não significa sair. Dar passagem significa que você está permitindo a presença de outra pessoa dentro de si enquanto faz a cura. Esse é um processo muito engenhoso. Posso trabalhar consigo de uma forma bem eficaz – seja por suas mãos, seja simplesmente por meio de sua presença – se trabalharmos juntos.

Superação da Resistência

Lembre-se de que, por sermos uma força angelical, gostamos de ser chamados. Isso aumenta nossa habilidade de estarmos presentes na terceira dimensão. Falaremos com você diretamente sobre como ajudar os outros em sua cura, mas o aspecto mais importante do processo de ascensão é que você deve se engajar na sua própria cura. Então, como uma manifestação do seu trabalho de luz, você curará os outros com mais eficácia.

Mais do que qualquer coisa, um ato de cura convencerá as pessoas da verdade da luz. Convencerá as pessoas de que há uma ascensão e de que elas podem se transformar. Para muitos, até que elas passem pela cura, sempre haverá uma dúvida. Dessa forma, você pode entender as relações entre si, sua cura e seu papel como curandeiro dos outros: a cura é a maneira mais eficaz de transmitir a luz aos outros. A cura pode ser transmitida pela luz. Chamamos essa luz de cura de *Aur Ha Kodesh... Aur Ha Kodesh*. Agora, banhe-se na luz de *Aur Ha Kodesh*.

Devo lhe dizer que quando você está curando os outros, deve trabalhar primeiro com sua resistência em ser curado. Há uma resistência até ao amor que pode ser recebido em qualquer momento. A resistência está aí por muitas razões, meus caros, mas os anjos enviarão amor para ajudá-los a superar suas resistências.

Todos vocês são atingidos pelas densidades deste plano. Só de estar na densidade há alguma resistência. Mas estamos falando sobre uma grande resistência. Quando alguém vir até você por cura, ele ou ela já está com problemas e vivendo na escuridão, já sente um bloqueio dos chacras e dos campos energéticos. A pessoa já está desesperada. Você poderia pensar primeiro que você pode abrir a pessoa, enviar amor e luz e colocá-la em alinhamento, e então ela ficará lindamente curada. Em muitos casos, você de fato conseguirá concluir uma cura e um alinhamento temporários com esse método, mas é para efetuar uma transformação permanente que estamos trabalhando consigo. É uma transformação permanente que você quer incutir nos outros.

Como Trabalhar com a Energia da Luz

Agora falaremos de como ir direto para a resistência e curá-la primeiro, como curar o motivo pelo qual a pessoa não quer mudar e como curar o ponto sombrio na manifestação física da pessoa que cria a doença. Concentre-se na energia de desamor da pessoa. Quando você realiza as curas, sejam elas verbais ou com você transmitindo luz, deve primeiro ir, encontrar esse ponto e trabalhar ali.

Falemos sobre técnicas. Você pode ir para essa parte de desamor energeticamente e descobrirá que há aspectos no campo energético da pessoa que devem ser limpos ou extraídos, como um jardineiro extirpa ervas daninhas. Você deve extirpar essas "ervas daninhas" primeiro e depois realizar a cura. Alguns chamaram isso de limpeza. Esse tipo de cura é mais do que apenas uma limpeza, no entanto. Essa cura cria energeticamente uma limpeza na qual você também pode limpar o campo áurico. Por isso, aqueles que você cura estarão mais preparados para aceitar a energia de luz que se introduz.

Durante a cura, envie um foco de luz pelo chacra coronário usando uma luz branca geral. *Aur Ha Kodesh... Aur Ha Kodesh.* Em seguida, continue com a técnica de extirpação, batendo palmas e fazendo sons para ajudar a extrair os pontos sombrios.

Depois da descarga da constelação de energia densa, é importante que você se concentre na vibração mais elevada possível. Talvez possa ver isso como um cirurgião dando pontos depois da cirurgia. Depois de você sentir a liberação da densidade, ou do bloqueio, pode usar as palavras de poder de novo: *"Aur Ha Kodesh"*. Nesse estado energético, complete a cura.

Você veio para esta encarnação realizar essa cura e fazer esse trabalho. É lindo para você. Parte do motivo da confusão e dos muitos problemas pelos quais as pessoas passam no planeta agora é a quantidade enorme de trabalho que elas vêm aqui realizar. Você pode estar envolvido na limpeza e no reparo da sua própria alma, de forma que sua aura não tenha fissuras, que estão se fechando. Depois de uma cura, sua aura estará totalmente lacrada e em harmonia. Ela vibrará em uma velocidade confortavelmente alta, em uma autogeração e autocura contínuas. *Baruch Hu... Baruch Hu.*[59]

A habilidade em curar os outros está profundamente conectada com sua própria habilidade de autocura. Você se tornará um curandeiro melhor quando se abrir para sua própria luz curativa. O tempo é curto. Permaneça com seu propósito, e fique com seu fluxo e troca de energia.

Em conclusão, quero enfatizar a importância de descarregar e extirpar primeiro, antes de fazer o trabalho de cura de fato. É uma parte importante da cura e não dá para separar uma da outra.

---

59. *Baruch Hu*: "abençoado" em hebraico, literalmente. Traduzido em geral como "Abençoado sejas Tu, Ó Senhor", em referência ao Criador.

Capítulo 15

O Perdão

Kuan Yin[60]

Estou feliz em vê-los tão atentos e ansiosos pela minha mensagem. Trago uma mensagem de alegria, amor e paz. A tarefa que cada um estabeleceu para si nesta vida é admirável. Quero que entenda que você está se comprometendo com um grande trabalho agora. Está motivado a superar bloqueios dentro de si para que possa crescer e desenvolver-se espiritualmente. É importante reconhecer o fato de você estar lutando agora e enfrentando esses bloqueios. Espera-se que muitos outros como você estejam dedicados a esse caminho. Vejam o que está acontecendo nas suas vidas. Os problemas que vocês têm fazem parte do caminho que estão trilhando.

O Corpo Emocional

Nosso líder Sananda-Jesus teve um caminho específico que só ele poderia trilhar. Serviu como um modelo para muitos depois dele. Você também tem um caminho único. Cada alma tem sua expressão e singularidade. Há aspectos das suas lutas que ninguém mais entende completamente. Embora haja semelhanças com os outros, seu caminho e suas lutas ainda são únicos.

---

60. Kuan Yin: membro feminino da hierarquia espiritual. Em sua encarnação asiática antiga, ela realizou muitos atos de bondade e compaixão e, por causa disso, é conhecida como a Deusa da Misericórdia.

O assunto em questão é o perdão. Ele está ligado a muitas emoções, tais como compaixão, empatia, raiva e amor. O perdão é uma abertura a todas essas emoções. Até ciúmes, dor e mágoa podem estar muito ligados ao perdão. Uma de suas principais tarefas consiste em distinguir os núcleos no seu corpo emocional. A maioria das pessoas é bem desenvolvida mentalmente e, portanto, tem a capacidade de compreender os conceitos de dimensões e consciência mais elevadas. Usando essas habilidades, você pode acessar seus guias.

É mais difícil quando se trata do corpo emocional. Isso não é segredo. Você está evoluindo emocionalmente; de fato, a oportunidade de trabalhar em questões emocionais é um dos motivos pelos quais as pessoas encarnam na Terra e um dos motivos para voltarem repetidas vezes. Há uma longa lista de espera para encarnar agora porque a Terra é um dos melhores lugares para trabalhar as emoções. Você não será confrontado com desarmonia e conflitos nos planos superiores. Você ficará mais em harmonia com suas emoções por estar cercado por outros que estão em harmonia. Para alcançar os planos superiores, no entanto, você deve primeiro resolver suas questões emocionais. A maior necessidade para o crescimento emocional reside no perdão.

A chave para o perdão – assim como para todo crescimento – está na emoção do amor; o passo necessário do perdão requer afeto. Saiba que o contato afetuoso com os outros planos pode acelerar o processo do perdão. É difícil fazer isso totalmente sozinho. Você precisa de ajuda no perdão. Esta é minha mensagem para vocês, meus caros: seus guias e as outras entidades ao seu redor podem auxiliá-los. Eles estão dispostos a trabalhar com vocês no perdão.

O perdão pode se relacionar em um nível multidimensional com o que aconteceu em uma vida passada. Uma questão de uma vida passada pode criar circunstâncias semelhantes e as mesmas emoções nesta vida. Você voltou, em parte, para passar por essa experiência emocional não resolvida do passado novamente. O perdão significa reconhecer a dor e soltar as lágrimas. Perdão significa admitir que você amou a pessoa que o magoou e que pode ainda amar essa pessoa agora.

Os problemas começam quando você permanece preso em criticar a pessoa que o magoou. É fato que essa pessoa fez algo que o magoou e, enquanto você ainda está nessa dor, é fácil julgar. Outros podem dizer: "Não julgue, não critique!" Eles ainda veem o perdão de uma perspectiva linear. A pergunta que realmente precisamos fazer é: "Como posso julgar ou criticar quando não tenho todas as informações da perspectiva mais elevada?"[61] É mais difícil entender as ações quando você vem de uma perspectiva linear. Reconheça que você julgou o ato prejudicial. Faça o julgamento e, então, não permaneça nele. Solte-o. Você fica preso se não o soltar.

Permita-se a Transformação

Quero falar sobre energia de luz e cura do seu corpo emocional. Apenas palavras não são o bastante para curar em alguns momentos. Há uma necessidade de preencher um espaço que foi deixado vazio. Quando alguém o magoa, ele ou ela participa da sua energia e rouba seu campo energético. Aparece um verdadeiro buraco na sua aura. Enquanto esse buraco permanece, você perde uma parte de si. Quando o buraco áurico é reparado, o perdão é completo.

Eu lhe apresentarei sons e transmitirei luz para ajudar a reparar aspectos de sua aura. Examine seu corpo em busca de lugares onde acha que há buracos. Enquanto ouve meus sons, quero que leve luz à parte danificada da sua aura e sinta um reparo ocorrendo. [Emite sons.] O buraco energético pode ser reparado agora. Lembre-se de que o som pode se tornar luz. Sinta as vibrações entrando na sua aura como sons de cura que se tornam luz. Eles podem então se integrar em você energeticamente. Podem deslocar padrões e retirar bloqueios que não puderam ser resolvidos antes.

O som torna-se luz, a luz torna-se cura, a cura torna-se perdão e o perdão torna-se amor. [Mais sons.] Conscientize-se de sua aura.

---

61. A perspectiva mais elevada pode incluir informação de vidas passadas ou lições específicas que seu eu superior decidiu que você precisava aprender nesta vida.

Sinta vibrações mais rápidas dentro dela. Imagine agora que há luz nessa sua parte que precisa ser reparada. A área onde o buraco estava vibra mais rápido neste momento. Está vibrando em harmonia com toda a aura. Imagine que minha presença está acima de você dentro de uma sala. Estou sobre você com as minhas mãos abertas. A luz está saindo das palmas das minhas mãos por toda a sala, emitindo energia para você, enviando luz curativa, uma luz suave, brilhante e branca, e raios dourados. Receba a luz no seu chacra coronário.

Você tem uma habilidade tremenda para a autocura. Você tem a capacidade de autocorreção, liberação de energia e transformação. Saiba que aquilo com que você está lutando agora é parte de um processo de transformação. Diga para si mesmo que está pronto para seguir em frente. "Eu me permito a transformação." Essa é minha afirmação para você agora. Peço para cada um de vocês dizer essa frase. Permitam-se a transformação e então reconheçam que uma nova energia deve entrar. Para se transformar, você precisa de novos dados e uma nova energia. Essa energia está vindo agora. Processe a energia neste instante. Examine-a e decida se quer mantê-la.

Agora mudo a cor da luz para azul. Essa cor representa a energia espiritual, que é a energia da conexão com os planos superiores. A energia que vem agora enquanto estou acima de você está ficando azul. Estamos preenchendo sua aura com uma luz azul. Essa luz azul deixa sua aura mais alta, mais expansiva. Você se expande quando está em sua aura verdadeira. Você é alto. [Emite sons.]

Meus caros, eu os deixarei agora com a sensação de estar nas mesmas condições. Vocês estão ressonando seus verdadeiros eus. Quando estão nesse plano, nessa vibração, estão em pé de igualdade com os guias e os anjos trabalhando ao seu redor.

Capítulo 16

B'nai Elohim[62]

Sananda

Nós falaremos sobre *B'nai Elohim* e os sistemas de crenças, porque essa é uma área de transformação muito poderosa. Você precisa de toda informação que conseguir sobre os sistemas de crenças.

Há grupos de pessoas que acreditam ter respostas e dispensações especiais. Portanto, creem que quando forem para o lugar elevado, que alguns chamam de paraíso, serão os únicos ocupantes desse lugar. Na verdade, eles serão. Estarão em seu próprio paraíso. Será como eles imaginaram de muitas formas e estarão com seus semelhantes. Mas esse não é o único paraíso, é apenas o paraíso particular deles.

Em algum momento, enquanto eles estão sentados em seu paraíso, entenderão que há outros que podem começar a participar dele. Perceberão que não há exclusividade, que os portões das dimensões mais elevadas estão abertos a todos. Se eles acreditam em exclusividade, estão precisando voltar ao plano terrestre. Eles

---

62. *B'nai Elohim* são as palavras hebraicas para "os filhos ou fraternidade" dos *Elohim*. *Elohim* significa "deuses" ao pé da letra. Essa é uma palavra usada curiosamente no plural, que também foi traduzida como deuses ou seres divinos. Na Cabala, *Elohim* é Deus em seu aspecto Criador. As primeiras palavras no Gênesis são *Bereshith Bara Elohim*, que podem ser traduzidas como: "No início, *Elohim* criou...". Nas versões em inglês da Bíblia, essa frase foi traduzida como "No início, Deus criou...".

voltarão para aprender essa lição, porque há um aspecto do carma envolvido quando uma pessoa se sente exclusiva e, por isso, identificada com um grupo fechado.

Não julgue os sistemas de crenças deles; eles precisam se misturar com uma energia grupal. Essa energia grupal é muito importante para desenvolverem sua alma. Há um propósito e uma necessidade para eles estarem nessa dinâmica de grupo, seja ele pequeno, seja grande.

Seu Papel no Desenvolvimento da Alma

É importante para você entender o papel da alma e dos sistemas de crença no seu futuro. As almas não foram criadas todas ao mesmo tempo; é um processo contínuo. Algumas almas são antiquíssimas e estiveram por aí desde o início do ciclo terrestre de Adão Kadmon. A criação acontece continuamente neste e em outros universos. Novas almas estão vindo e envelhecendo em um lugar onde podem se conscientizar.

Qual é o seu papel nesse entendimento? Relaciona-se com o conceito importante na Cabala chamado *B'nai Elohim*, os filhos de *Elohim*.[63] Você pode ver da sua perspectiva que há uma progressão de desenvolvimento da alma. Você está em uma escada hierárquica buscando um nível mais elevado de consciência, um nível mais elevado de desenvolvimento para sua alma. Você será realmente capaz de conquistar uma responsabilidade e uma autoridade maiores no universo.

Há muitos planetas diferentes. Não pense que os seres humanos estão no nível mais baixo de desenvolvimento da alma. Apenas está acostumado com as entidades superiores conversando com você como se estivesse no plano mais baixo. Acredite em mim, há aqueles abaixo de você no ciclo evolutivo que muitos de vocês podem ajudar. Alguns de vocês vieram de outros planetas, outros setores da galáxia e até de outras galáxias. Apesar dos sofrimentos e da negatividade deste planeta, você ficará feliz em saber que veio para cá porque há lições, conhecimento e habilidades necessárias na Terra. Poderá levar essas lições de volta consigo quando sua alma voltar ao seu planeta

---

63. Neste contexto, um pequeno "g" é usado.

natal ou morada. Só dessa encarnação, há muito que você pode levar que será útil para ensinar outras almas.

O *B'nai Elohim* é um nível da hierarquia composto de almas que passaram pelo processo de ascensão e que, em seguida, progrediram para além do ciclo reencarnatório do planeta. Agora podem entrar no plano da autoridade suprema. *B'nai Elohim* é traduzido como "os filhos dos deuses". Isso significa que estão entrando no nível de autoridade onde poderiam se envolver na criação e supervisão de uma alma. Poderiam atribuir-lhe uma alma para acompanhar por muitas vidas.

Há um lugar no universo e além – não nos planos normais que você entende – onde essas almas são criadas. A criação de uma alma é como o nascimento de um bebê. Uma paternidade especial e supervisão são necessárias. Um passo nesse processo é a paternidade. Outro é a criação de novas almas. Assim como há pais na Terra que criam um bebê – não uma alma –, há *B'nai Elohim* que trabalham em harmonia com outros para criar almas. Essa é uma responsabilidade monumental e não é passada levianamente. Quando você atinge o nível *B'nai Elohim*, está no início de um nível mestre onde pode de fato se tornar parte da energia de Cristo. Você pode se tornar uma figura crística para um grupo de pessoas. Pode ser uma figura crística em termos de redenção, transformação e assistência a outros grupos. Lembre-se: há bilhões e bilhões de outros planetas no universo e precisa-se muito daqueles que podem servir nesse papel.

Transformação do Dia Cósmico

Deixe-me falar sobre as progressões em termos de dia cósmico. Há aspectos do dia cósmico que são como a eternidade deste universo. Existem níveis diferentes de eternidade por haver universos distintos, e há dias diferentes na estrutura dos multiuniversos que conhecemos como o Grande Plano.

De certa forma, você está progredindo nos níveis hierárquicos, partindo da encarnação terrena à ascensão para o nível mestre, daí para o nível *B'nai Elohim* e seguindo até o trabalho na luz de Cristo em outros planos ou outros planetas. No fim do dia cósmico, você terá passado por uma transformação total. Aqueles que estão no nível superior podem se sentar perto do trono. Quando a transformação total ocorre novamente, eles conseguem manter seus níveis. De uma perspectiva de alma, você pode ver os benefícios em continuar sua jornada hierárquica.

Agora, muitos de vocês dirão que não querem lidar com o nível hierárquico. Ele soa como uma progressão linear. Entretanto, quando estamos falando para você na terceira dimensão, essa é a única forma de descrever. Há uma hierarquia de desenvolvimento de alma no universo que remonta aos sistemas de crença. Seu sistema de crença é um reflexo do seu desenvolvimento de alma. Aqueles de vocês que trabalham por aceitação da alma, amor incondicional e não exclusividade estão dando um passo gigantesco.

Aqueles que permanecem comprometidos com as crenças em exclusividade e dispensação especial por causa de seu direito nato ainda podem estar em um caminho elevado. Lembre-se: é importante para o desenvolvimento dos filhos humanos que eles se sintam especiais. Eles precisam entender que têm lugares especiais na hierarquia. Isso não é necessariamente uma posição negativa. Você deve ver o apego a uma crença na exclusividade como uma lição a ser aprendida, condizente com os níveis especiais de necessidade deles.

Eu entendo que vocês queiram se sentir especiais. Vocês são! Todos vocês são especiais porque lidam com seu desenvolvimento, possibilidades e potencial como um *B'nai Elohim*. Estou feliz que estão entendendo esse conceito, e querem um treinamento e um desenvolvimento hierárquico. Você pode assumir essa responsabilidade e aceitar que, na realidade, pode estar no nível do Criador. Isso é importantíssimo.

Você Pode Participar

Cada alma é diferente. *Eh'yeh asher Eh'yeh*, Eu Sou o que Eu Sou, significa que você entende sua singularidade. Portanto, não precisa ser como os outros. Cada alma criada é única, assim como cada floco de neve é único. O objetivo de uma alma é ser sua própria singularidade, ser si mesma. "Eu Sou o que Eu Sou" é uma frase metafísica multinível. Ela declara sua coesão com a energia do Criador.

Afirma igualmente sua singularidade e reconhece que as outras almas também são singulares.

As diretivas do Pai servem para permitir que todos aqueles que podem verdadeiramente harmonizar com a energia Eu Sou o que Eu Sou sigam na escada hierárquica até seu desenvolvimento determinado. Essa diretiva também reconhece que a criação das almas é contínua. Sua alma não existe desde o início dos tempos como você a conhece. Sua alma apareceu em um nível tardio. Há almas chegando agora e haverá almas chegando no futuro. É um processo contínuo. Você está chegando a um ponto no qual também pode participar do nascimento de novas almas.

A morte da alma não existe. Há apenas a transformação e o desenvolvimento da alma enquanto ela se esforça para se aproximar do Trono do nosso Pai. Quanto mais você se desenvolve, mais pode ser útil, e mais estimula a energia do Criador e do Salvador dentro de si.

Capítulo 17

Amor Universal e a Zona Nula

Gurhan[64]

Você tem um entusiasmo e um desejo de entrar em outros espaços dimensionais. Está muito ansioso para aprender como existimos nas sexta e sétima dimensões. Você pode compreender nossa existência e aprender a vir para nosso espaço. Nosso espaço é repleto de luz e amor avassaladores. Nós só percebemos o quanto de amor existe quando deixamos nosso plano. Vindo para a Terra, somos lembrados de tempos idos quando nosso sistema passou por mudanças dolorosas.

Abra-se para Receber a Luz

O poder do amor é a dádiva de abertura para as outras dimensões. Você pode se conectar com a energia do amor universal. Esse é um conceito imprescindível. É um sentimento que você deve abrir no seu chacra cardíaco. Uma chave genética importante também é destravada quando esse chacra é aberto. Estamos discutindo a abertura à energia de amor universal que emana da Fonte Criadora e se espalha por todos os universos.

---

64. Gurhan é uma entidade espiritual da galáxia de Andrômeda na sétima dimensão.

Vocês são como antenas pelas quais conseguem sintonizar essa frequência de amor. Você deve primeiro aprender a ampliar a receptividade de suas antenas de amor. Não estamos falando apenas sobre nos amarmos ou até sobre amar o planeta. Esses são, é claro, aspectos muito importantes do amor, mas estamos mais em um nível galáctico. Estamos falando sobre sintonizarmos a energia de amor que emana da galáxia. É uma frequência especial. Nós lhe daremos sons que ajudarão a ampliar sua receptividade.

Todos os seres de luz devem aprender a receber luz. Uma das formas de receber luz é sensibilizando suas antenas e seus receptores. Captem essa energia e a recebam. Sintam-na. Ouçam os sons que envio e concentrem-se nos seus chacras cardíacos. Em nome da Fonte Criadora, pedimos para seus chacras se abrirem. Sensibilizem-se à frequência de amor universal disponível por todo o planeta. Essa frequência de amor é uma conexão com o conhecimento e com a eterna luz espiritual interdimensional. Quando vocês recebem essa frequência, então sabem que têm a vida eterna.

A existência dessa frequência é um conceito mental importante que você pode incorporar aos seus sistemas de pensamento. A sintonização é um dom que você tem. Quando sintoniza com a frequência, então pode ao mesmo tempo dar permissão para a liberação de bloqueios genéticos e abrir-se para irmãos e irmãs da luz espaciais.

A Frequência do Amor Universal

Estamos cientes de uma conexão profunda entre a Terra e a energia do Criador. Uma negatividade avassaladora, conflitos e destruição existem aqui, e muitas formas de vida no planeta estão se extinguindo. Mas de uma dimensão mais elevada, podemos ver que seu planeta está sendo lentamente cercado por uma enorme energia de amor. As sementes para essa energia foram plantadas por Sananda e outros, como Abraão, Moisés e Buda. Essa energia poderosa já cercou a Terra em seu invólucro da quinta dimensão.

Vocês servem ao planeta sentindo essa frequência de amor. Sementes estelares aprenderam a usar a frequência de amor universal. Exige-se que um certo grupo essencial se abra e receba essa frequência para ajudar a estabilizar a energia e as mudanças no planeta. Sua aceitação e compreensão das mudanças são importantes. Todos vocês estão em papéis de luz especiais. Sua sensibilidade, processos de pensamento e sistemas de crença têm um efeito tremendo no planeta. Seus pensamentos podem afetar o desenvolvimento da mudança planetária eletromagnética. Isso significa que vocês desempenham papéis essenciais. Alguns de vocês estão realmente desempenhando papéis centrais na energia do planeta.

Saibam que são seres de luz. Isso significa que vocês podem, em seu estado natural, transformar, mover-se pela galáxia, entrar em todos os níveis e voltar ao Criador. A entrada de vocês nos portões e corredores celestiais só é permitida por serem seres de luz. Quando ressonam com a energia do amor universal, então estão nesse caminho.

Vocês já ouviram falar da zona nula. Na verdade, seria legítimo descrevê-la como uma zona de purificação. "Zona nula", no seu idioma, implica que nada existe. Quando seus campos eletromagnéticos estiverem alinhados com seu chacra cardíaco e com a energia de amor universal, então vocês poderão vibrar em um nível além da dualidade convencional. Poderão entrar em um plano que esteja eletromagneticamente acima do positivo e do negativo.

Passar por uma zona nula não o afetará, porque você já estará além da dualidade. Se não estiver além da dualidade, terá diante de si várias opções: você pode ser purificado, ser retirado desta encarnação ou pode experimentar a zona nula como uma forma de terapia de choque elétrico e sofrer uma perda de memória temporária de quem e o que você é. Alguns compararam a zona nula ao cinturão de fótons, que é um fator relativo à zona nula. Lembre-se de quando se contata a energia de amor universal, você não será afetado negativamente pela zona nula ou o cinturão de fótons.

É difícil para vocês entenderem como, por serem seres eletromagnéticos, podem existir sem dualidade. Sua estrutura baseia-se na dualidade; sua frequência cardíaca, pulso e respiração baseiam-se em uma entrada e saída, um ou dois, em um ciclo ativo ou de descanso. Como manter sua presença eletromagnética em uma zona nula?

Vocês podem conseguir isso porque haverá uma mudança eletromagnética total em seu pensamento e sensações. Ela pode ser interpretada como uma perda de ego porque vocês não se diferenciarão uns dos outros. Vocês veem como é importante manter seus contatos de grupo com aqueles que são de natureza semelhante.

Lembre-se da frase básica: "Eu Sou o que Eu Sou". Apegue-se a essa declaração muito importante quando passar pela zona nula. É uma mensagem instrutiva que foi transmitida a Enoch. Você não perderá seu "Eu Sou o que Eu Sou". Se perder, então será jogado de volta em um ciclo de encarnação. Até os sons de "Eu Sou o que Eu Sou" são importantes e podem ser repetidos como um mantra. É uma expressão multipropósito. Quando você passar por uma mudança eletromagnética, poderá manter seu eu divino usando essa expressão.

A Música das Luzes

Você então chegará a muitos níveis de cores. Nos seus textos hebraicos, é chamado de *Zohar*. No sentido galáctico, *Zohar* representa a área de luminosidade que ocorre depois de você abandonar sua dualidade de pensamento e eletromagnética. Você poderá entrar em um novo corpo de energia, um corpo de luz, que tem uma frequência mais elevada e está além da dualidade. Então, entrará na luz brilhante e luminosa que alguns chamaram de luz supernal.

Você também ouvirá e verá a música das luzes. Quando entrar na energia mais elevada, som e visão se mesclarão. Em um nível superior, som, visão e sensações se mesclam em um amor sonoro de luz. Quando você usar sons, pratique ver a luz ao mesmo tempo. Essa é uma ferramenta poderosa! A luz do *Zohar* é uma luz galáctica. Essa luz leva a uma série de luzes *Zohar* que vão além da presença galáctica para a presença universal. Você então poderá entrar na fraternidade das galáxias. Está mais próximo dessa luz agora em seus desenvolvimentos.

Há assembleias da luz em Andrômeda. Energias da luz convergem, mudam e interagem com o nível luz-som-sensação. É nossa dádiva enviar essa luz para aqueles que estão abertos a ela. Quando receber essa luz, alguns vão querer partir e ir diretamente para Andrômeda. Lembre-se: somos sua galáxia irmã, uma galáxia paralela de muitas formas. Nós entendemos. Não estamos julgando o que está ocorrendo no seu planeta. Quando você entrar nessa nova unidade eletromagnética, também renunciará aos seus julgamentos sobre o que ocorre no seu planeta.

Capítulo 18

Trabalho de Luz

Maria

Estou feliz de ver que vocês estão começando a se amar mais. Tenham certeza de que quando vocês entrarem mais nesse ânimo em relação a si, conseguirão trabalhar com a Terra. Sei que percebem que sua missão não é apenas trabalhar em si e remover bloqueios, mas que também estão em uma missão chamada de "trabalho de luz" e que ajudará a curar a Terra.

Muitos de vocês trabalham lindamente para enviar essa energia para a Terra. Vários desastres já foram prevenidos ou temporariamente adiados por causa do tipo de trabalho que vocês fazem e das vibrações que pessoas como vocês conseguiram emanar para a Terra.

O potencial para a devastação na Terra é muito elevado agora. Há muitas áreas prontas para explodir política, econômica e geologicamente, e isso nem inclui a energia que vem de fora do seu sistema solar, como os asteroides.

Ame a Terra como a Sua Mãe

Sim, a Terra está machucada. Sim, a Terra está sofrendo. No entanto, quando vocês conseguirem limpar algumas de suas "imperfeições", serão receptáculos de luz melhores. Vocês estarão mais focados para ajudar a Terra, enviando amor e tomando conta da Terra da forma que puderem. Pode ser tão simples quanto pegar um pedaço de papel no chão ao caminhar. Enquanto faz algo assim, diga à Terra: "Eu faço isso porque amo você". Esse singelo pensamento pode ser muito poderoso, principalmente nas mentes de pessoas como vocês que estão se tornando receptáculos e focos de luz. Parte do que vocês podem fazer é focar essa energia e devolvê-la. Peço agora para enviarem amor para a Mãe Terra. Ela está aguentando muito bem, carregando as muitas, muitas almas que estão no planeta.

Muitos a estão destruindo de várias formas, no entanto. Diversos incêndios estão acontecendo agora no planeta – dos quais você nem ouviu falar. Há muitos poluentes nos oceanos. Os oceanos continuam a morrer no mesmo ritmo acelerado que se ouve falar das florestas. A extensão do oceano limpo e aberto diminui muito rapidamente. A dimensão do problema do buraco na camada de ozônio de que tanto se ouve falar está sendo superada. Você pode trabalhar enviando seu amor para aquele espaço. Qualquer coisinha que puder fazer ajudará.

Decida não prejudicar o planeta. Quando estiver limpando a Terra, envie este pensamento para ela: "Eu faço isso por amor à Terra". É uma frase muito poderosa. Parte da mensagem de Sananda é: "Ama teu próximo como a ti mesmo". A mensagem ampliada é: "Ama a Terra como tua mãe". Você toma conta de sua mãe. Muitos de vocês fariam isso sem nem pensar muito, e suas mães apreciam quando vocês tomam conta delas. Cuidar da sua Mãe Terra, portanto, é um dos maiores presentes que pode dar a ela.

Como Curar as Áreas Onde Vive

Muitos se preocupam com as mudanças e as catástrofes na Terra. Peço para você não focá-las, mas sim na cura. Há uma grande necessidade de envio de amor constante para a área da Califórnia. Muitos de vocês trabalham para curar as fendas e as placas para garantir que não haja uma mudança catastrófica. Cure a área em que vive enviando luz e amor para essa região. Sejam receptáculos para a energia galáctica e cósmica. Há uma necessidade de concentrar a energia que vem para a Terra. Uma das funções dos seres humanos – o Adão Kadmon ou a raça de Adão – é focar a energia do amor no planeta.

Alguns dirão: "Tem tanta destruição acontecendo agora. Há tanta negatividade. Como posso fazer a diferença?" Você pode fazer a diferença, pois está em uma vibração curativa. Você está em uma vibração de amor e luz. Não é para isso que vocês são trabalhadores da luz? Enquanto se curam, devem conseguir enviar essa energia para a Terra e os outros.

Enche-me de orgulho vocês terem permanecido tão dedicados a esse caminho. Continuem a se purificar para que possam ser quem são e concentrar a energia na Terra. É verdade que a Terra cuidará de si mesma. É verdade que ocorreram muitas mudanças no planeta antes. Mas nunca houve tanto amor direcionado para a Terra. Mesmo quando aqueles que a estão destruindo o fazem com maior intensidade, aqueles que a amam também estão colocando uma nova energia na Terra. Haverá muitas mudanças dramáticas. Nas catástrofes do passado, houve curas e o resgate de vidas durante grandes mudanças.

Então, meus amigos, a vocês entrego meu amor profundo. Tenho um enorme respeito pelo caminho que estão seguindo. Não subestimem o efeito que causam no planeta em geral. Esse amor e luz que vocês transmitem afetarão suas vidas diárias nos relacionamentos humanos. Comece projetando amor e luz naqueles em seus pensamentos e para aqueles com quem interagem. É incrível mesmo como a projeção é poderosa quando vocês enviam essa energia. Pense nela como um presente especial da raça de Adão. Lembrem-se de como vocês podem ser poderosos apenas pensando e projetando seus sentimentos de amor.

Não se preocupem demais quando ouvir sobre algum acontecimento negativo. Vocês simplesmente enviarão amor a essa área com seus pensamentos também. Por favor, durante a sua semana, vejam se há algo que cada um de vocês, em particular, pode fazer pela Terra. Vocês têm alguma preocupação no que diz respeito ao planeta que querem discutir nesta noite?

Mudanças na Terra

Nas últimas semanas, houve muitas tempestades nos Estados Unidos. Isso é a liberação da Terra?

As correntes magnéticas ao redor da Terra mudaram por causa do estreitamento da camada de ozônio, e isso está criando padrões eletromagnéticos diferentes que afetam os ventos. Isso é parte do que acontece. O buraco na camada de ozônio também está alterando a temperatura do oceano. Uma energia intensa é recebida agora. Uma grande parte dela entra como vibrações eletromagnéticas da Terra. O estreitamento da camada de ozônio é a mudança mais perigosa que ocorre. A abertura maior afeta o campo eletromagnético da Terra.

A camada de ozônio continua a se alargar?

Não há nada sendo feito para parar evitar isso. Vocês não estão ouvindo sobre o buraco na camada de ozônio na mídia. O que sai são fotos falsas, algo como: "Não está tão mal como pensamos. Não há nenhum dano detectável". É o mesmo quando pessoas dizem que o aquecimento global não existe. A questão não é se isso ou aquilo ocorre, mas sim que a Terra está mudando rápido em um período extremamente curto. O que acontecerá a seguir é totalmente imprevisível do seu ponto de vista.

Não pode ser como era?

Não está mais como era. Em se tratando das tempestades, posso dizer especificamente que os padrões climáticos imprevisíveis continuarão.

Podemos afetar a camada de ozônio com nosso pensamento?

O ozônio remanescente pode se tornar mais eficaz para proteger a radiação. Essa seria uma boa energia de cura para enviar à Terra. Aquilo que sobrou então seria realmente mais eficaz.

Por uma outra perspectiva sobre o buraco na camada de ozônio, no entanto, agora que esse buraco está maior, outra energia galáctica fica livre para entrar. Nem sempre as coisas têm apenas um aspecto negativo. As mudanças na Terra são tão intensas que forças extraterrestres e extragalácticas foram chamadas a se envolver no processo, o que também é um aspecto positivo.

Capítulo 19

Adão Kadmon e a Luz Zohar

Arcanjo Metatron

Há um esforço combinado em muitos níveis para levar à Terra e seus habitantes à quinta dimensão. Esse esforço é coordenado por nosso amado Sananda, que é o mestre, ou o capitão, se preferir, da transição da Terra para seu lugar legítimo. Ele também supervisiona a transição de muitas almas como as suas para níveis superiores. Nós – e muitos – reconhecemos que Sananda é o coordenador desse esforço. Isso inclui aqueles dos planos extradimensionais ou extraterrestres. Qualquer ser que vem de um plano extraterrestre e trabalha para a ascensão reconhecerá que o líder divino desse plano é Sananda. Sua cooperação e suas informações especiais com a Fonte Criadora fornecem os dados e a orientação para que possamos ajudá-los. É importante trabalhar com os códigos e elos de ascensão. Vocês estão aguardando para serem processados e querem se abrir mais a essa informação. Querem se abrir à chamada luz *Zohar*.

A luz *Zohar* é uma luz especial que vai de uma extremidade do universo à outra. Essa luz, como todas as outras, viaja infinitamente, mas a *Zohar* é uma luz poderosa que não só atravessa o universo, como também é ligada diretamente à Fonte Criadora. É um fio de luz que existe por todo o universo e volta para o Criador. Considere a luz *Zohar* sendo aquele tipo de luz que remonta ao início da criação. Dá para imaginar um fio de luz que remonta ao momento da criação e viaja de lá diretamente para o Criador? Vocês todos conhecem a frase: "E Deus disse: Faça-se a luz; e a luz se fez".[65] Esse fio de luz está ligado ao Criador em meio ao abismo do nada. Essa luz brilhante especial também é invisível para a maioria das pessoas, mas é uma luz que pode ser invocada. É uma luz que pode ser vista pelos olhos de Adão Kadmon, ou o homem primordial.

O Ser Perfeito

O homem primordial é o primeiro protótipo que foi criado do qual todas as almas da espécie humana emanaram. Há famílias de alma e vocês fazem parte de uma. Há também uma enorme família de alma que é uma parte da fonte Adão Kadmon. Assim como vocês todos pertencem a ela, as suas almas também são ligadas a ela. Agora quando vocês passarem pelo portão estelar, podem ir para outras espécies. Você não será Adão Kadmon para o resto da sua existência de alma. Você se comprometeu com a espécie de Adão Kadmon. Pode começar neste instante a ir para outras espécies e outras experiências na galáxia.

O protótipo de Adão Kadmon é poderoso, e foi alterado e modificado. Esteve ligado a outros sistemas. Adão Kadmon tem códigos especiais para ver a luz *Zohar*. Quando você vê essa luz infinita, torna-se brilhante e seus olhos também ficam brilhantes. Depois de ver e sentir essa luz *Zohar*, seus olhos serão sempre diferentes. Seus olhos nunca mais serão os mesmos. Mas esses olhos com os quais você vê agora estão fechados – eles não são olhos abertos. O olho de que falo é o olho interior, aquele que olha para dentro. A abertura da luz *Zohar* pode começar com a expressão: "Santo, Santo, Santo é o Senhor das Hostes": *Kadosh, Kadosh, Kadosh Adonai Tzevaoth*. [Repete várias vezes.] Deixe o som dessas palavras limpar as nuvens em volta de seus olhos para que você comece a ouvir minhas instruções e a sentir a luz *Zohar*. [Repete as palavras anteriores novamente.]

---

65. Bíblia Sagrada, Gênesis 1:3. Em hebraico, da Torá: *vayo'mer 'Elohim yehiy' aur vayehiy 'aur.*

Imagine, por favor, Adão de pé no Jardim do Éden, pois lá Adão poderia ver a Luz Criadora. Esse primeiro Adão está em sua memória e na sua estrutura celular. O primeiro Adão também era o que se poderia considerar um hermafrodita. O primeiro protótipo era um homem e uma mulher em um só. Pode ser difícil para você conceber isso, mas não era uma aparição nem nada bizarro. Era um ser perfeito capaz de se reproduzir como um ser. Mas você sabe que ele foi feito para ser dois também. Volte em meditação a Adão – em cujo corpo você está. Você está na mente dele/dela e pode ver por seus olhos. Quando ele/ela olhar para fora, não saberá a diferença entre a luz *Zohar* e a outra luz, pois ela é tão elevada em vibração que ele/ela não sabe o quanto está elevado(a). Ele/ela não sabe em que nível de vibração está. Do seu ponto de vista, isso reflete o pecado de Adão, pois ele/ela não sabia onde estava. Quando ele/ela saiu da cortina cercando o jardim, viu a diferença. Mas quando você vê a diferença, não pode seguir sem saber dela. Esse é o pecado "original" como você o descreveu.

A Busca por Harmonia e Luz

Agora você está ajudando a reconstruir esse estado de consciência aperfeiçoado com seu trabalho como um mestre ascenso. Você vê agora a diferença entre a luz e a não luz. Você gostaria de ver apenas a luz. Não está mais interessado na escuridão. Não está interessado na dualidade. Alguns perguntam: "Como a quinta dimensão pode ser descrita?" A quinta dimensão é um lugar onde não há dualidade. Veja bem, quando você está com a mente de Adão, começa a reviver seus desejos de ser sem dualidade.

Você viu e sentiu a dualidade na terceira dimensão. Muitos de vocês estão cansados dela. Desejam ser apenas de harmonia e luz. Por você ter vivido a dualidade, agora estará seguro quanto a estar apenas na harmonia. Assim como Adão, você saiu do jardim e agora quando voltar – o jardim no caso sendo a quinta dimensão – você sentirá a alegria e o êxtase de estar lá. É para isso que serve a quinta dimensão. É para isso que serve a consciência mais elevada. Você a conquistou. Vai para esse estado por causa do que preparou e do que viveu. Então tudo que viveu agora na dualidade torna-se valioso, porque apreciará e escolherá a harmonia da vida da quinta dimensão.

Veja bem, Adão saiu da quinta dimensão, mas não sabia como voltar. Ele/ela não sabia como lidar com a polaridade. Talvez seja aí que muitos de vocês fiquem presos – presos em como lidar com as polaridades que existem aqui. É fácil dizer que você gostaria de estar na quinta dimensão onde há unidade, e superar a dualidade o auxiliará nisso. Você também pode dizer: "Estou pronto para deixar a dualidade". Talvez com isso entenda mais fácil que está cansado da dualidade.

Jesus Cristo disse que nos enviaria o Espírito Santo e então nos tornaríamos Um, e que o Espírito Santo reconciliaria os opostos. Gostaria que explicasse mais isso.

Bem, o Espírito Santo é o que o arcanjo Miguel chamou de *Ruach Ha Kodesh*, o espírito iluminado. É aquela parte da nossa consciência que está ausente; é aquela parte do seu corpo de luz elevado que desce em você. Quando entrar em você, verá que tudo é Um, mas é o Santo. Nós o chamamos de Espírito Santo, pois você começará a ver a santidade da unidade. Isso é muito importante, porque deve entender que essa santidade é uma unidade. Adão, como o protótipo, não entendia que estava em um estado sagrado. Quando perdeu esse estado, ele viu a dualidade. Olhou para trás e sabia que aquele era um estado sagrado ou, pelo menos, tinha alguma percepção disso. Mas ele já estava preso.

Agora uma saída é apresentada e, em muitos aspectos, é por meio do Espírito Santo. É tornando seu espírito completo e sagrado de novo, reconhecendo que a dualidade é superada pelo Espírito Santo. O Espírito Santo é a parte que é o seu corpo de luz. Ele deve descer sobre si para que você possa sentir isso. Essa é a parte da unificação pela qual você passa em termos de unir seu corpo de luz consigo.

Dualidade e Polaridade

Em se tratando dessa integração de um corpo de luz – que dois terços do corpo de luz integrariam –, parece-me que o que impede essa unificação nesse ponto na nossa evolução é apenas nossos pensamentos.

São seus pensamentos de dualidade. Eu diria que você não percebe o quanto o pensamento de dualidade e polaridade está arraigado dentro de si. Quando falamos do Espírito Santo, falamos da compreensão e do pensamento de que "Eu Sou Um". O Criador é Uno, você é Uno com o Criador. Mas há muita confusão, pois você pensa: "Bem, o que acontece comigo se for unificado? Onde está David? Onde está Gudrun? Há uma perda da identidade?" Você foi treinado em dualidade, e começou desde o dia em que nasceu.

Essa é uma das belezas da consciência de grupo que os Arcturianos o ensinam. Eles querem ensiná-lo que sua fusão, ou a deles, em um grupo é positiva e não uma renúncia à identidade. A oração hebraica *Shemá* começa com: Deus é Um. Por isso estamos dizendo: "Sou Uno com Deus". Portanto, comece a reafirmar a unidade pensando em suas orações: "Sou Uno com o Espírito Santo".

O Espírito Santo é aquela parte do eu que já está em contato com a energia de unificação. Se torno seu espírito sagrado, então lhe concedo o pensamento de unidade. Concedo-lhe a habilidade de voltar para o Jardim do Éden e vivenciar a unidade novamente. Você a apreciará agora porque viu a dualidade e a polaridade. Ora, alguns dizem que dualidade e polaridade formam a lei do universo. Digo que formam a lei da terceira dimensão. Há uma unificação mais elevada do que a polaridade que você vivencia aqui. Há uma sabedoria mais elevada, e ela nem sempre pode ser vista da perspectiva da terceira dimensão. Mas se você vem para a quinta dimensão, então começará a ver dessa perspectiva.

Se Adão era um hermafrodita, o que Eva era então? Completa? Sósia? Não havia polaridade acontecendo, então, entre o homem e a mulher?

Quando Adão rompeu, digamos, o contato com a quinta dimensão, então o hermafrodita não poderia mais estar lá. Assim, houve a necessidade da polaridade. Ir da quinta dimensão para a terceira é entrar na polaridade. Portanto, houve a necessidade de dividir Adão. Então, pode-se dizer que Eva foi feita de Adão. Em essência, a alma foi dividida. Metade da alma dele tornou-se ela, e esse foi o início da polaridade.

O que demandou a criação de Eva?

O fato desse rompimento com a quinta dimensão aconteceu antes da criação de Eva. Sua Bíblia reflete que a dualidade ocorreu depois da criação de Eva e implica que talvez ela estivesse ajudando a criar isso. Eu proporia a vocês que Adão era uma unidade como um hermafrodita. Ele era um tipo de protótipo. Foi o rompimento da conexão dele/dela com a quinta dimensão que levou à polaridade de homem e mulher. Dizer que foi a mulher que, de alguma forma, enganou ou fez o homem se rebelar é uma interpretação interessante, mas imprecisa dessa história.

Há espécies hermafroditas na galáxia – a Terra não foi o único caso. Existem narrativas de hermafroditas na sua história. Dá para imaginar se todos fossem hermafroditas neste planeta? Você seria masculino ou feminino? Você sabe que todos têm um lado masculino e um feminino dentro de si, mas vocês são todos predominantemente um ou outro. Essa não é uma história que você ouviria nos sermões nos domingos sobre o desenvolvimento de Adão.

Mas lhe pergunto, por que a mulher é colocada sob essa luz que ela está no Antigo Testamento? Por que a mulher é vista como aquela que faz o homem comer o fruto?

Aqueles que escreveram isso eram de uma cultura dominada por homens. Eles estavam tentando lutar contra as deusas que eram cultuadas pelos pagãos. Veja, o protótipo do Adão contém todas as almas que eram a primeira fonte de todos os seres humanos. Você poderia ter vindo de outra espécie deste planeta. Todos que vieram para este planeta de alguma forma tiveram que passar pelo protótipo de Adão para receber os códigos de como se tornar um humano terrestre aperfeiçoado.

O Ponto de Separação

Não é um andrógino então? Não está em equilíbrio?

Por que não estaria em equilíbrio? Você acha que a palavra "andrógino" se refere a ser masculino e feminino juntos no seu idioma?

Sim.

Hermafrodita também é masculino e feminino. Tanto a energia hermafrodita quanto a andrógina estão totalmente em equilíbrio. Ora, um andrógino ou um hermafrodita se pareceria mais com um homem do que com uma mulher? Como você o descreveria? Sabe que embora você seja uma mulher, tem traços masculinos. Então agora você pode ver de onde isso vem. Por que você tem os dois traços? Por que não puramente masculino ou feminino? Por isso toda essa questão parece difícil de resolver na terceira dimensão.

A questão da homossexualidade parece uma grande piada dessa perspectiva mais ampla. Não há pecado envolvido na homossexualidade. Não há problema, porque as pessoas estão vivenciando parte da energia hermafrodita. É muito mais pecaminoso matar e assassinar ou destruir o planeta do que amar. Portanto, a falta de amor é o pecado e não se engajar em uma prática sexual ou outra. Quando você entende as origens hermafroditas, talvez você consiga ter uma perspectiva diferente da homossexualidade. Foi a questão de afastar-se da quinta dimensão que levou à separação. Tornou-se imperativo quando houve essa separação que o masculino e o feminino tivessem de ser divididos de uma forma evidente. Isto é, ela tinha de ser evidenciada fisicamente e, assim, ocorreu a separação.

Mas a separação não foi exclusiva ao afastamento da quinta dimensão.

Foi com o afastamento da quinta dimensão que ela começou e foi necessária.

Isso vale para quando você vai para dimensões mais elevadas?

Sim, exatamente.

Estou em busca de esclarecimento. O ponto de separação foi a divisão de todos os aspectos da multidimensionalidade, desde a quinta até as outras dimensões mais elevadas. É isso mesmo?

Particularmente, a separação da quinta para a terceira dimensão. A criação desse protótipo ocorreu em um nível superior. A criação do protótipo não aconteceu na terceira dimensão, ocorreu em um nível superior. Quando a dualidade ficou aparente, ela, então, se manifestou como a separação dos sexos.

A Evolução do Protótipo Humano

Cronologicamente nos ciclos planetários, quando isso ocorreu?

Eu vou explicar para você que, como esse protótipo, você foi trazido para a Terra. Esse modelo do protótipo foi trazido ao planeta por uma força externa. Da sua perspectiva, isso seria algo entre 150.000 e 200.000 anos atrás.

Não há evidência da existência do homem antes dessa época?

Sim, existe.

Você se refere ao elo ainda aberto ou à verdadeira identidade dos homens de Neandertal e Cro-Magnon?

Nós estamos falando isso. Essa é uma nova informação que estamos compartilhando. O que estamos falando para você não foi explicado em detalhes. Alguns de vocês acreditam na evolução do homem. Houve um momento em que o homem de Neandertal deu lugar ao Cro-Magnon e, por fim, este deu lugar a sua forma humana presente. Mas isso tudo acontecia antes de isso ser interligado. Você foi interligado nessa cadeia. Esse é um assunto muito controverso quando você pensa em como foi introduzido nesse elo na Terra. Qual era o elo perdido?

Forças obscuras adulteraram o padrão de DNA?

Eu diria que sim. Houve uma adulteração no DNA e agora há nos seus códigos de DNA algumas densidades que não deveriam estar lá.

Minha pergunta se encaixa no que você acabou de dizer. Estou tentando colocar isso com a influência dos Anunnaki. Há uma relação entre quando esse protótipo se desenvolveu e quando entraram com a influência deles?

Há uma conexão. Eu diria que muitos quiseram usar sua espécie para os propósitos deles. Sempre houve uma vulnerabilidade na sua espécie abusada pelos outros. Houve uma adulteração, como sugerido. Como tudo isso o afeta? Você tem problemas diferentes em integrar ódio e violência. Vê um monte de ódio, destruição e profanação do meio ambiente. Esses são padrões dentro de si que lhe foram transmitidos. Eles foram levados a você. Você deve fazer as pazes de alguma forma com eles, aceitá-los e colocá-los em equilíbrio e no lugar deles para que possa transcendê-los.

Você deve aceitá-los, mas não precisa segui-los. Existem pessoas no seu planeta que os seguem sem demonstrar nenhum tipo de remorso ou autocontrole. Vocês travam uma batalha dentro de si para superar essas forças negativas. Eu diria que conhecer essa parte da sua história significa que você pode perceber que há partes de si que precisam ser colocadas em seu lugar; essas são partes que reconhece, mas não obedece. Alguns de vocês a chamam de eu primitivo. Alguns a chamaram de outras coisas. Nem tudo é beleza e harmonia no contexto histórico de seu desenvolvimento como espécie.

Sua Forma na Quinta Dimensão

A Mãe Terra deixará de aceitar pessoas do lado sombrio?

Quando ela estiver pronta para entrar na quinta dimensão, o lado sombrio não poderá entrar na Mãe Terra. Acredite em mim, existe sempre o desejo de usar isso. Por que deixaram o lado sombrio vir e influenciar um pouco desse desenvolvimento? Acho que tem a ver com o fato de que a Terra é uma zona livre, por isso as forças sombrias poderiam entrar no plano terrestre.

Estamos interessados especialmente em explorar suas origens hermafroditas. Estamos interessados em explorar com você como se concebem em termos de masculino ou feminino quando entram na quinta dimensão. Vocês terão de se reunir nessa forma hermafrodita.

Isso será uma questão neste momento?

Uma questão se você pode fazer isso? Não. Não será uma consideração para você individualmente quando entrar na quinta dimensão. Acho que você vai simplesmente fazer isso. Uma das coisas que pode perguntar, no entanto, é: como você supera a dualidade? Agora, você perguntaria: "Eu vou ficar masculino ou feminino? Como passarei pelo portal?"

Esse poderia ser um momento de hesitação.

Bem, você poderia desistir de ir para a quinta dimensão. Isso é algo que não foi muito explorado na literatura recente sobre a quinta dimensão. Não acho que vá desistir disso. Acredito que talvez seja uma dualidade que você não tenha superado. Como se integrar? É uma integração para a qual você pode se preparar. Há a necessidade de compreender mais esse processo sexual neste planeta agora, pois há muito ódio. Houve muita crítica sobre a sexualidade. A sexualidade é uma expressão da natureza hermafrodita que é a base dos seus protótipos. Agora, não o estou encorajando a se expressar e se tornar hermafrodita. Não me entenda mal. Estou tentando ajudá-lo a conseguir essa compreensão.

Não foi algo que pensei.

Há várias raças hermafroditas nos sistemas estelares e na quinta dimensão. Há até algumas que estiveram na terceira dimensão que conseguiram manter a espécie hermafrodita.

Eu diria que Adão Kadmon foi enviado para cá. Uma vez rompida a visão da quinta dimensão, ele se envolveu assim como todos.

INTERAÇÕES ENTRE DIMENSÕES

Então Adão Kadmon foi realmente enviado à Terra e fez o que as espécies fazem, que é se casar com a outra espécie em evolução que estava aqui? Está certo isso? A quinta dimensão é um lugar como o céu?

A quinta dimensão é um lugar como esse, mas é um lugar sobreposto, então você teria dificuldade em imaginar isso. A terceira, quarta e quinta dimensões são camadas. Você diria que a quinta fica bem "aqui". Onde é esse aqui? É em outro nível. As dimensões estão dispostas em camadas. Elas são dispostas de uma forma que não podem ser vistas e há uma interação entre elas. Há uma interação da terceira dimensão com a quinta, por exemplo: "o que está em cima é o mesmo que está embaixo."[66] Então há interações. Por isso os Arcturianos e outros seres quintidimensionais estão preocupados e querem trabalhar com vocês.

Certamente, as ações da terceira dimensão reverberam por todas as dimensões. Não é um estado isolado. Desse modo, por exemplo, o que acontece no Sul afetará o que acontece no Norte. Não se pode evitar. Acho que o protótipo de Adão, o hermafrodita, foi um protótipo muito poderoso. Recomendamos a certa altura que o canal se referisse a ele como Adão-Eva Kadmon. É importante entrar em contato com a luz *Zohar*.

Ainda podemos fazer isso?

Sim, ainda podemos, e darei direções para isso. É quase como perguntar: "Deus é homem ou mulher?" Como vamos responder a essa pergunta? Quero que você volte no tempo, a esse protótipo que é Adão-Eva Kadmon. Podemos usar o nome Adão-Eva para esse grupo agora. Você tem acesso a esse protótipo porque ele está na sua estrutura de DNA. Está na sua estrutura celular. [Entoa]: "*Zohar*". Conclamo a luz *Zohar*. É a luz do início do universo e do início do *big bang*. É um feixe de luz que foi conectado ao ponto que começou esse ciclo do universo. Saiba que esse ponto tem uma linha fina de luz que estava no início e ainda está aqui. Uma fina luz radiante está disponível em todas as direções na sua consciência do terceiro olho. [Entoa]: "*Zohar*". Deixe a luz *Zohar* brilhar pelos olhos de Adão-Eva Kadmon. Deixe-a ser recebida, e deixe a corrente de luz brilhante entrar na sua consciência. É essa luz que o Criador comunica a nós.

Aqueles de vibração mais elevada, como Sananda, podem interceptar essa luz e fazer uma interpretação significativa dela para

---

66. Esta frase é uma adaptação do seguinte texto: "Aquilo que está Abaixo corresponde àquilo que está Acima, e aquilo que está Acima corresponde àquilo que está Abaixo, na realização do Milagre de Uma Coisa Só". Hermes Trismegistus, *A Tábua Esmeralda*, 2:1.

todos. Este é o verdadeiro trabalho de Sananda-Jesus: que ele possa ser o intérprete dessa luz. É uma luz brilhante, nítida, esplêndida e poderosa. Conecte-se com essa luz *Zohar* agora. Você pode ser conectado ao início da Criação. Está olhando pelos olhos de Adão-Eva Kadmon. Como seres superiores vocês podem sentir essa luz como um jorro. Ela é tão poderosa quanto os primeiros raios da aurora. Essa luz pode ser usada e transmitida aos outros pelo som e pelo pensamento. A forma mais poderosa de transmitir luz é por meio do pensamento.

Capítulo 20

Unificação

Sananda

Estou aqui para transmitir mensagens sobre unidade e os códigos sagrados. A unificação ocorrerá. Você deve ser convencido disso em todos os níveis. Há um processo ocorrendo agora por toda a terceira dimensão. Uma parte dele está causando importantes separações e desarmonias, mas também acontecem importantes unificações. É nelas que você precisa concentrar sua energia. O Triângulo Sagrado é uma unificação, e há outras em níveis diferentes.

Quando você descreve essas unificações, deve também se referir a códigos. Há códigos genéticos, espirituais e códigos de ascensão, todos dentro de sua estrutura. Na verdade, o Triângulo Sagrado é um novo código que está surgindo nessa dimensão. É um código que reunirá pessoas – que será usado pelos outros para expandir e criar um corredor para unir a terceira e a quinta dimensões. A terceira e quinta dimensões estão mais próximas agora, e você e os outros continuam a construir pontes de onde estão para a quinta dimensão.

Libertação

Cada ponte e cada corredor com os quais você se conecta aproximam a luz quintidimensional muito mais do terceiro plano. A importância disso está ligada à unificação. O que ocorre é uma unificação entre a terceira e a quinta dimensões. O momento da unificação será a ascensão. De uma perspectiva, esse momento durará apenas por um breve momento. De outra, para aqueles como vocês, durará pelo tempo que precisarem para entrar na energia adequada para ir à quinta dimensão.

Isso traz o conceito da relatividade de tempo para o primeiro plano. Aqueles de "fora" que não estiverem interessados na unificação nem no trabalho de luz verão apenas uma luz bruxuleante e não conseguirão vê-la partir. Você que está nesse processo terá tempo de assimilar e seguir o caminho. Será um momento breve. Reconhecerá que está pronto para a ascensão, então passará por um lindo túnel ou um belo corredor para a outra dimensão. Garanto que a viagem e a passagem para o outro plano serão agradáveis. Será um dos pontos altos de sua experiência como viajante de alma. Muitos de vocês vieram para a Terra nessa época para viver essa maravilhosa transição. É uma transição poderosa e será feita com consciência.

Muitos de vocês vêm aqui para efetuar alguma liberação maravilhosa. Você conhece a importância de liberar amarras, negatividade, conflitos e concluir seus débitos cármicos. Conheça o poder da graça. Você terá uma oportunidade para acelerar sua liberação e seu processo cármico. Você pode ficar bem acelerado; pode passar bem rápido para a liberação. *Liberar carma não é uma questão de tempo. É uma questão de intenção.* É uma questão de consciência. É uma questão de beleza e aceitação. Sei que você está pronto para liberar e preparar.

Códigos do Triângulo Sagrado

Deixe-me falar sobre os códigos. Cada lado do Triângulo Sagrado tem certos códigos. Falarei dos códigos da energia Pai/Mãe. [Entoa]: *"Adonai"*. O código para a unificação e o domínio da terceira dimensão está no plano de *Adonai*, o Senhor. Abra esse lado do Triângulo Sagrado para si. Harmonize-se com o domínio e com a energia Pai/Mãe quando você se dirige para a criação e traz *Elohim*. *Adonai Elohim*.

A criação é a fonte de luz. Você deve se conectar com a criação, pois sua alma vem da criação. Vocês foram unificados e se separaram como almas, agora vocês se reúnem em unidade. Cada lado do Triângulo Sagrado fornece um aspecto e uma reunião dessas energias de alma. Dentro de vocês, meus irmãos e irmãs, está o código da vida, o código da ascensão e o código dos seus eus superiores.

Você sabe que o código sagrado é "Eu Sou o que Eu Sou". É o nome sagrado do Senhor. É o nome criado para você entender que é parte de si. Ao ouvir o código: "Eu Sou o que Eu Sou", você se conecta com esse aspecto da energia Pai/Mãe.

Ouça essas palavras e deixe uma luz de energia subir por sua coluna até seu chacra coronário. Vá para uma luz elevada, um lugar mais elevado, tão elevado quanto puder ir. *Eh'yeh asher Eh'eyeh! Eh'yeh asher Eh'yeh!*

Enquanto se eleva, sinta as conexões maravilhosas que pode fazer! Saiba que muitos mestres ascensos estão disponíveis para você, bem como os Arcturianos, os Pleiadianos e outros mestres extraterrestres. Há vida por toda essa galáxia. Há vida por todo o universo. Há outras dimensões e outros seres existem em áreas interdimensionais. É hora de os humanos terrestres entenderem a existência dessas dimensões.

Você vai se conectar com as dimensões para que possa se graduar e ir para um plano em uma dimensão mais elevada. É mais empolgante e expansivo do que possa imaginar. Você está confinado na terceira dimensão. É um lugar lindo, mas está repleto de muitas contradições e muitas densidades. É muito bonito vir para essa luz e essa abertura. Fique tranquilo que há uma linda abertura para onde todos vocês estão indo. Alguns dizem que a abertura ocorre uma vez a cada 2.000 anos. Alguns dizem que é a cada 12.000 anos.

A abertura que está vindo é tão vasta que muitos de vocês reencarnaram neste momento apenas para estar aqui para ela. Não desvie. Não esqueça sua missão – uma missão de unificação. Use os códigos para abrir física e internamente suas auras e os níveis de energia em volta de seus corpos. Use os códigos para se lembrarem de que vocês vão se concentrar apenas nos códigos e na missão. Não se concentrem nas outras densidades.

Santo, santo, santo é o Senhor das Hostes. Você poderia dizer também: "Sagrado, sagrado, sagrado é o Senhor das Hostes". Santo é seu lugar. Sagrado é seu lugar. "Onde está o Senhor; onde está *Adonai Elohim*; onde está YHVH?" É onde você prepara um lugar para a sacralidade dele(a). Essa é a unificação que você propicia. Seu trabalho é trazer essa conexão. *Kadosh, Kadosh, Kadosh Adonai Tzevaoth!*

Um Lugar Sagrado

Eu apelo para que vocês tornem este lugar sagrado. Tornem essa reunião sagrada. Você está unificando as dimensões. Assim são os lugares sagrados. Propiciam e manifestam a unificação da quinta e da terceira dimensões. É vontade do nosso Pai/Mãe que você evolua para o plano superior, e mensageiros e mestres são enviados para estimulá-lo a isso agora. Há uma necessidade de mais locais sagrados e santos, seja o Centro de Cura do Triângulo Sagrado, uma igreja, uma sinagoga, um local santo em uma montanha, na sua casa, seja dentro de si.

Você pode de fato se tornar o homem santo ou a mulher santa, pois onde está é uma manifestação da unificação da terceira e da quinta dimensões. De repente você se torna mais leve e os códigos o lembram – você sabe que precisa ser lembrado o tempo todo. Sabe que é um desafio árduo superar tudo o que superou nessa vida. É difícil até chegar a esse nível de consciência e de desenvolvimento espiritual. Veja o que teve de superar na infância. Veja o trabalho que tem de fazer agora apenas para chegar a esse lugar. E mesmo assim você conseguiu. Chegou aqui como parte da sua realização. Você tem muitas alternativas. Pode ser um homem santo ou uma mulher santa. Pode tornar um lugar sagrado e santo. Isso inclui fazer corredores. Podemos trabalhar juntos e fazer estruturas que sejam santas.

Onde fica o lugar de *Adonai*? Onde reside *Adonai*? O que muitos dizem é que você não pode falar sobre ele(a) ou descrevê-lo(a), mas pode senti-lo(a). Essa experiência chega até você como uma santidade e uma sacralidade. Há códigos para lembrá-lo disso. É disso que falamos quando nos referimos à cura e à transformação planetária. Vá do sagrado de si ao sagrado da comunidade e ao sagrado do planeta.

Eu rezo para a Mãe Terra. O anel dourado sagrado da ascensão permanece em volta da Mãe Terra. É um anel de luz que é uma manifestação da interação entre a terceira e a quinta dimensões. É um anel de luz que você ajudou a criar. Assim como você tem uma aura, a Terra também tem. Assim como você está se concentrando agora na luz dourada em volta de sua cabeça, a Terra também está.

Você pode contribuir com a sacralidade disso. Veja o trabalho dos Arcturianos e a designação do Triângulo Sagrado. Note o termo "sagrado" de novo. Ele também poderia ser chamado Triângulo Santo. O Triângulo Sagrado reconhece a unificação das energias terrenas com as energias da quinta dimensão da nossa galáxia.

A Primeira Luz

Está na hora de as pessoas entenderem que vocês fazem parte de uma família galáctica de seres. Por que isso ficou oculto por tanto tempo? Por que muitas pessoas têm dificuldade de aceitar sua herança galáctica? É um pensamento mais denso e uma opinião do ego. As pessoas costumavam achar que a Terra era o centro do universo. Lembre-se do absurdo dessa visão. A unificação não o diminui; ela o melhora.

Você se torna um espírito santo, que é um espírito iluminado. A iluminação é algo pelo qual você ansiou em muitas vidas. Agora você é iluminado. Não há dúvida disso. Olho para as auras de todos e vejo uma luz favorável. Vejo felicidade. Vejo reconhecimento espiritual. O caminho para a iluminação é pelo reconhecimento espiritual. O caminho para a iluminação é pela conclusão da missão. A conclusão da missão tem a ver com unificação e reconhecimento dos códigos.

Os códigos que lhe são apresentados chegaram maravilhosamente diante de si como uma missão e luz do Triângulo Santo Sagrado. *Ruach Ha Kodesh* – o Espírito Santo. Passe da santidade de si e da santidade de um lugar à santidade de um planeta e à santidade do Espírito. Você ama o Espírito Santo. Ama o conceito do Espírito Santo. Invoco a energia do Espírito Santo a se manifestar no plano etéreo. A luz da *Shekhinah*, a energia da Mãe, anuncia sua presença como o Espírito Santo. Vocês são santos! *Atah Kadosh, Ruach Ha*

Kodesh – Espírito da Santidade. Ouvindo essas palavras, você as entende. Reconhece o Espírito Santo dentro de si. Santifica seu espírito. Ele é santo. Já é sagrado.

A unificação e os códigos contidos no Triângulo Sagrado vão trazer um novo nível de cura para a Terra. Deve ser uma nova energia, pois a antiga não é mais suficiente. Você quer uma nova. Quer uma nova luz. Quer uma luz santa e uma luz sagrada. Deixe a luz santa vir. A luz santa é a base de toda a terceira dimensão. Toda a terceira dimensão vem de um raio de luz.

Pense no seu Pai/Mãe como uma pessoa com os olhos abertos. Se o olho estivesse fechado, então a dimensão evaporaria. Essa é uma analogia interessante, porque a luz vem dos olhos. A luz emanada da energia do Pai/Mãe vem dos olhos. Deixe seus olhos irradiarem luz mesmo se estiverem fechados. Irradie luz. Vocês são criadores de luz também! Estão criando a luz para o Triângulo Sagrado.

Primeiro vem a luz, e essa luz é a base para esta dimensão. Se você seguir os fios dessa luz, ela remonta ao momento do *big bang*. Seus astrônomos procuram pela primeira luz; é fascinante. Podemos ir ao espaço celeste, ao momento da primeira luz. Reconhecemos a luz como a base para a terceira dimensão. É verdade que a luz pode se corromper aqui. É verdade que há escuridão aqui e que a luz foi mal interpretada. Uma luz pura chegou aqui, mas houve confusão e mal entendimento. Vocês são seres santos. Reúnam luz. Elucidem os fatores que levam à necessidade de unificação. Amo a beleza do Triângulo Sagrado. Amo o reconhecimento dos nativos ascensos e amo sua abertura com os Arcturianos.

Capítulo 21

A Cabala

Nabur e o Arcanjo Metatron

Seria proveitoso integrar agora muitas coisas da Cabala. A Cabala é basicamente uma energia galáctica que foi trazida à Terra. A parte central da Cabala lida com a energia *Zohar*. Essa energia é a luz infinita que vem da Fonte Criadora, e é manifestada nesta galáxia e no nosso universo. A Fonte Criadora resolveu que uma fonte de luz como essa apareceria e ele/ela se comunicaria por meio dessa luz. Aqueles com um poder superior podem interpretar e receber mensagens dessa luz. Como é fantástico se relacionar com a luz *Zohar* e baixar a energia para que aqueles de vibrações inferiores possam interpretar essa luz.

Como você pode se relacionar com essa comunicação? Receber a luz é comunicar-se com ela. Essa é uma comunicação além das palavras. No seu estado meditativo mais elevado, você não está no estado do ego ou verbal. Se tenta verbalizar o que está sentindo, a verbalização muitas vezes pode fazer a energia baixar.

Quero trazer-lhe essa experiência da luz *Zohar*. Acredito que você esteja pronto para sentir essa luz. Está pronto para ter a experiência sem quaisquer pensamentos ou interferências de tentar explicá-la verbalmente ou categorizá-la. O ego também inclui a habilidade de pensar, usando as categorias e a dualidade que é tão prevalente nessa cultura. Sua cultura não está preparada para o trabalho da quinta dimensão. Os Arcturianos e outros seres de luz mais elevada têm uma cultura com base no ser quintidimensional. As culturas deles abrem espaço para experiências do não ego e não verbais. Nas naves arcturianas, por exemplo, você encontrará locais para onde os seres podem ir para se sintonizarem com essa luz.

A Luz do Esplendor

A unificação com essa luz o beneficiará elevando sua vibração. Essa vibração elevada o conduzirá a outro nível para que possa sentir a luz *Zohar* mais diretamente. Para sentir plenamente a luz *Zohar*, você deve ir além do plano do nada ou da "nulidade". Aliás, a luz está se tornando cada vez mais intensa à medida que você se aproxima da ascensão. Você está se aproximando para conseguir usar a Escada de Jacó. A Escada estará aqui. Você ouviu falar da viagem *merkava*. *Merkava* é carruagem em hebraico. Quando os antigos faziam viagens astrais, usavam a imagem da carruagem. Sei que vocês não têm carruagens na sua cultura, mas sim automóveis, e alguns podem usar o automóvel celeste como seu veículo *merkava*. Alguns de vocês podem utilizar pirâmides celestes. Na Escada de Jacó, temos o conceito de ascender à quinta dimensão usando uma escada celeste. Essa escada é uma ferramenta tão eficaz quanto a carruagem *merkava*.

Lembre-se: você é um receptáculo. A palavra Cabala significa "receber". O problema em ser um receptáculo é que você deve ser forte o bastante para receber os jorros vindos de cima. Agora vocês estão se tornando receptáculos mais fortes e poderão receber mais luz. Vamos entrar no nível de receber intensamente a luz *Zohar*. *Zohar* é esplendor em hebraico ou esplendor brilhante. Sananda recebe essa luz diretamente e, então, ele a envia para baixo para que você possa acessá-la mais fácil.

Atah Gebur, Atah Gebur, Atah Gebur Adonai. Atah Gebur Adonai. Atah Gebur Adonai. Tu és grande, *Adonai*. Conclamo a luz da fonte mais elevada, a luz do Criador, *Elohim Adonai*. Elevo-me até a luz divina, a luz santa, *Aur Ha Kodesh*. Deixe essa luz santa descer. *Aur Ha Kodesh*. Luz santa! Eu agora me elevo para a luz santa infinita: *Aur Ain Sof* – a luz que não tem fim. *Aur Ain Sof. Aur Ha Ain Sof*. Agora nos elevamos para o Infinito sem fim.

Agora vamos desse *Ain Sof* para a energia do Sol Central na galáxia. Essa é a fonte da energia Criadora nesta galáxia – o Sol Central. Vá para o Sol Central na sua mente. Todas as galáxias estão unidas pelo Sol Central de cada uma. Cada galáxia com o Sol Central está ligada ao Sol Central primordial – o centro primordial. Quando você vai para o centro primordial, então chegará ao homem primordial – o Adão primordial.

Quando o universo foi criado, a luz formulou o homem primordial, *Adam Ha Kadmon* – o Adão primordial. Todas as almas na Terra se originaram da mente dele. Sua mente está diretamente ligada à mente do Criador. Agora iremos para dentro do corpo de *Adão Ha Kadmon*. [Entoa.] Quando você está no corpo de Adão *Ha Kadmon*, então também está conectado ao Sol Central da Via Láctea. Você está conectado a todos os sóis centrais de todas as galáxias no universo, bem como à Luz Criadora.

Quero que olhe para fora com os olhos dele. Os olhos de *Adam Ha Kadmon* podem ver a luz infinita do *Zohar* que é manifestada. Olhe por seus olhos e veja essa luz passando infinitamente por todo o universo. É uma luz infinita brilhante que perpassa todo o universo. Essa luz infinita está circulando ao redor do universo e por cada ser. Saiba que essa luz o atinge, entra em seu receptáculo e no seu corpo físico. Agora você está sintonizado na vibração da luz *Zohar*. Você está conectado! Pode receber. Todos os seres que estão vivos têm os códigos para receber essa luz infinita do Criador. Você tomou o caminho certo. Pegue essa luz e siga-a para áreas diferentes.

Receba a Luz

Quero que você pegue a luz e conecte-se ao portal estelar arcturiano. Viaje na sua mente ao portal estelar arcturiano. Acima do portal, você verá um cristal enorme. Esse é um cristal especial criado para receber e amplificar essa luz. Estamos conversando agora sobre seres quintidimensionais e a energia quintidimensional criada para receber e amplificar a luz do *Zohar*, essa luz brilhante – a Luz do Esplendor. Fique conectado com os olhos de Adão Kadmon; seus olhos são cintilantes. Quero que você agora ponha a imagem dos olhos dele nos seus, embora os seus permaneçam fechados.

Você pode conceber a imagem dos olhos dele olhando para a luz *Zohar* e a receber em seus olhos. Agora pode ver essa luz maravilhosa.

Você pode usar essa luz para se conectar com uma entrada na quinta dimensão. Aqueles que veem o esplendor do Senhor, *Adonai Elohim, Adonai Echad,* terão a permissão de entrar nos jardins e no mundo futuro, *Olam Ha bah* – o plano quintidimensional da Cidade da Justiça. Você só precisa ver e sentir essa luz para ganhar acesso a esse ponto de entrada.

Seus amigos Arcturianos podem aparecer para você. Verá que seus olhos estão especialmente adaptados a olhar essa luz *Zohar* maravilhosa. Eles podem usar seus seres e corpos para receber e processar a luz. À medida que você vai para dimensões mais elevadas, torna-se totalmente dedicado a essa tarefa de sentir essa bela luz *Zohar,* e seu eu superior pode se conectar e trabalhar com essa luz. O eu superior vai se conectar totalmente com seu corpo de luz. Seu corpo de luz está sempre recebendo a vibração da luz do *Zohar.*

Eu invoco Sananda para intensificar a luz agora para que possamos acumular até uma intensidade maior de luz *Zohar.* Veja a luz por seus olhos fechados. Abra seu olho interior e seu terceiro olho. Há um caminho para todos aqueles que desejam chegar a um lugar mais elevado. A evolução das suas almas envolve ir a um lugar, a um plano, onde você possa estar alinhado com essa luz maravilhosa.

Você levará os aspectos superiores de si consigo quando deixar a Terra. Você tem os eus superior, médio e inferior. O trabalho que está fazendo agora para se conectar com o eu superior o ajudará a entrar na quinta dimensão mais fácil. Veja e ouça a luz *Zohar* agora. Podemos ir para muitas dimensões. Veja e ouça. Tudo tem um tom e uma presença visual. Sananda é um intermediário. Veja a luz descendo de seus olhos, coração e mãos. Ele o está auxiliando, ajudando-o a baixar essa luz brilhante.

A Árvore da Vida, *Etz ha Chayim,* é uma forma de descrever como a energia se intensifica e diminui. Você está intensificando energia. Você está intensificando seus receptores. Pense: "Luz santa, luz santa". Com sua mente e seus olhos, veja o portal estelar arcturiano. Enquanto você olha para o portal estelar arcturiano, nosso caro amigo, arcanjo Metatron, quer falar com você.

* * *

A Beleza da Viagem de Luz

Meus amigos, aqui é Metatron. *Kadosh, Kadosh, Kadosh Adonai Tzevaoth!* Santo, santo, santo é o Senhor das Hostes! Você está chegando a um nível tão elevado que podemos auxiliá-lo a desbloquear quaisquer códigos que o limitem para que você possa participar totalmente da experiência de luz diante de si. Uma compensação e uma graça especiais estão diante de si agora para que possa ter essa experiência de luz maravilhosa. Una as energias nas quais trabalhou. Você está recebendo essa habilidade de estar em uma frequência de luz mais elevada. Ouça minhas palavras e deixe-as aumentar sua intensidade de luz, sua frequência de luz e sua habilidade de receber. Santo, santo, santo, *Kadosh, Kadosh, Kadosh Adonai Tzevaoth, Adonai Tzevaoth.* Santo, santo, santo é o Senhor das Hostes. *Neshamah* – corpo de luz superior. Você é luz!

Olhe pelos olhos de Adão Ha Kadmon. Busque pela luz infinita e pelas belezas da luz infinita e da luz santa. Você pode olhar e ver a luz infinita que continua para sempre. Desça por esse túnel que está diante de nós no portal estelar. Entre por esse túnel de luz comigo. Partiremos em uma jornada de viagem luminosa, pelo corredor, com sua mente, comigo e toda essa Luz! Estamos viajando muito rápido por esse corredor luminoso. *Atah Gebur Adonai, Atah Gebur Adonai, Atah Gebur, Atah Gebur.* Isso significa: "Tu és grande, *Adonai;* tu és grande, *Adonai*".

Nós baixamos o olhar para o túnel. Ele é infinito. É um fio de uma luz especial mais intensa do que vimos antes, mas que você consegue tolerar. Siga a luz. Ela é infinita; vem de um ponto de origem infinito. É a Mente Infinita de *Elohim* que se manifesta dessa forma. Não podemos descrevê-la; não podemos nem falar dela. Venha para a Fonte dessa luz, que é a Mente de Elohim, a Fonte de toda luz. Bendito sejas tu, Ó Senhor nosso Deus, Rei do Universo para todo o sempre. [Para todo o sempre em hebraico é *Le-olam Vaed.*]

Que os códigos no seu corpo de luz estejam para sempre unidos por essa abertura maravilhosa que vivenciamos juntos! Há muitos anjos em volta desse túnel. Agora você deve conectar essa fonte luminosa ao seu corpo de luz, que ainda está parcialmente ligado ao seu corpo físico. Envie essa luz de volta ao seu corpo físico na Terra. Deixe-a entrar por seu chacra coronário e preencher seu corpo físico.

 Agora lhe peço para voltar do túnel, passando pelo portal estelar arcturiano na ponta externa e de volta ao corpo físico. Você está repleto dessa nova energia. Pode olhar para fora com seus olhos fechados e ver a luz infinita. Agora você é conector na Terra com essa luz infinita, essa luz santa – *Aur Ha Kodesh*. Você neste instante é espírito santo na Terra. Caminha agora como ser de luz santo. A luz irradia de seus olhos, das suas mãos, do seu chacra coronário, do seu terceiro olho, do seu chacra cardíaco e dos seus pés. Você está repleto de energia luminosa e tem um fio da luz *Zohar* consigo. Aqui é Metatron.

Capítulo 22

Como Acelerar Sua Ativação

Ashtar[67]

Eu sou o Comandante Ashtar do Comando Espacial, trabalhando com a Fraternidade Branca.[68] Saudações a todos que talvez estejam ouvindo ou lendo esta transmissão. Há muitas almas novas que estão entrando em consciência neste ponto. Essas almas novas estão vivenciando um despertar que costuma ocorrer entre almas antigas que já tiveram muitas encarnações ou que estão se preparando para entrar em seus padrões de vida finais antes da ascensão. Agora estamos entrando em um estado no qual há muitas almas novas que não encarnaram tanto.

Muitos de vocês têm a noção de que uma alma antiga é superior a uma nova, ou é mais sábia e capaz de passar para planos superiores de compreensão. Embora haja alguma verdade nisso, você deve

---

67. Ashtar é o comandante de um grupo de seres espirituais dedicados a ajudar a Terra a evoluir. Os seres que Ashtar comanda existem principalmente na quinta dimensão e estão muito comprometidos a servir a Terra. Eles vêm de muitas partes do universo, e muitos desses seres experimentaram a vida na Terra ou nas Plêiades. Para mais informações, leia Dorothy Roeder, *Reach for Us* (Flagstaff, AZ: Light Technology Publishing, 1991), 164.
68. A Fraternidade Branca é uma hierarquia espiritual de mestres ascensos residindo na quinta dimensão. O branco não é usado aqui como um termo racista. Refere-se à luz branca ou frequência mais elevada que esses mestres atingiram.

perceber agora que as almas novas têm uma adaptabilidade especial que as ajudará a se abrir para energias mais novas. Da mesma forma, almas mais antigas, às vezes, ficam presas em certos padrões e devem encarnar com frequência para aprender lições. O que estou dizendo é que há muitas almas novas no seu planeta que estão despertando e esse é um desenvolvimento emocionante. Elas estão apenas ativando o que você deveria ter ativado há vários anos.

Como Desbloquear Códigos Genéticos

Um dos maiores problemas, da sua perspectiva, é que quando houver platôs e períodos de acesso limitado à energia mais elevada, você entrará em um estágio no qual não se sente totalmente em ressonância. Nesses casos, é melhor aderir a algum tipo de estrutura, como um pequeno ritual ou uma meditação diária.

No que tange ao processo de ascensão, você deve entender que ele vem em ondas. Às vezes, há pulsações mais profundas e com rajadas de energia mais intensas do que o normal. Para ocorrer o benefício máximo, o maior número de almas possível precisará vivenciar o despertar e a aceitação do caminho de ascensão.

Estar no caminho de ascensão e ascender são a mesma coisa. Mesmo quando você está no caminho da ascensão, pode haver uma variável interferindo, talvez em virtude da morte, que poderia impedi-lo de estar na primeira onda.[69] O fato de estar no caminho da ascensão é tão importante quanto sua ascensão na prática, pois você está indo nessa direção. Você acionou dentro de si passagens, possibilidades para desbloquear os códigos genéticos.

Deixe-me dizer algo sobre o desbloqueio de códigos genéticos. Muitos querem saber como fazer isso. A princípio, os códigos foram colocados nas pessoas como parte do projeto primevo de Adão Kadmon, que ocorreu com o protótipo de Adão. Esse código foi trazido para o plano terrestre e inscrito com a ajuda de "reis" extraterrestres dos planetas dos Pleiadianos. Outras fontes extraterrestres também

---

69. Dizem que haverá três ondas, ou grandes elevações espirituais, para a ascensão. Cada uma ocorrerá em uma época diferente.

participaram – seres que seriam considerados parte do Conselho Supremo da nossa galáxia.

O protótipo de Adão Kadmon foi iniciado com seu desenvolvimento evolutivo. Acreditava-se que a espécie da qual você faz parte usaria esse código para a expansão. Embora você nem sempre esteja ciente dos códigos, eles estão dentro de si. Mesmo sua própria estrutura genética age sem sua consciência. Suas células estão mudando, você está perdendo cabelo, ganhando peso, mudando seus ritmos cardíacos e respirando em frequências diferentes. Tudo isso é monitorado por seus códigos genéticos. Os códigos de Adão Kadmon se expandem mesmo enquanto falamos.

Ativação da Ascensão

Como você se torna mais ciente desses códigos e como acelera sua ação para que possa estar no nível ideal? É importante para você entender que sua expansão tem um cronograma. Ela ocorre em certo prazo e com um certo ritmo. Por causa da relativa brevidade agora em virtude da ativação, da ascensão e das mudanças na Terra, precisa haver uma aceleração do desbloqueio para que você possa processar os códigos.

Nós podemos concentrar energia na sua estrutura genética para ajudá-lo a acelerar a expansão, mas isso só pode ser feito se você permitir. Precisamos tomar o cuidado de ter um acordo no seu lado espiritual para interagir conosco para acontecer a aceleração. Seu eu superior deve estar de acordo.

Muitos querem acelerar, mas seus eus superiores não estão alinhados. Seu eu superior pode querer que você realize certas tarefas antes de dar permissão para a aceleração. Para desbloquear devidamente esses códigos, você deve primeiro garantir que sua alma está preparada para a ativação. Deve dizer que aceitará a ativação, então sua estrutura genética se expandirá mais rápido. Em seguida, deve tentar se alinhar com uma energia como a minha ou com a energia de outros guias que podem ajudá-lo a acelerar os códigos genéticos. Enviarei energia quando entender que você quer a aceleração de seus códigos genéticos.

Enquanto enviamos a energia, aceite que sua estrutura genética está sendo acelerada. Uma luz azul penetrante entrará por seu chacra coronário e começará uma ativação. Ela tem um fio central de luz branca. Se você ouvir a palavra hebraica *Eh'yeh*,[70] visualize uma abertura real e uma energia de ativação. Quando você usar essa energia, estará se preparando para receber uma carga que acelerará o desbloqueio dos seus códigos. À medida que ativa, ganhará uma consciência mais elevada e atrairá energia mais proeminente para si.

Eu sugiro que, nas suas meditações, você se concentre na luz azul com o centro branco entrando no seu chacra coronário. Isso ativará e acelerará os códigos colocados em todos os seus chacras. Falando de forma muito simples, você está abrindo seus chacras desbloqueando os códigos. Você está ampliando o chacra, deixando-o mais sensível e mais receptivo. Com esse aumento na receptividade, você conseguirá sentir os guias das dimensões mais elevadas. Sentirá isso em corpo, espírito e mente.

Você deve concentrar a energia por um período para acelerar sua ativação. Não se consegue isso em uma experiência. Uma aceleração geral foi concedida; no entanto, para você aumentar sua própria receptividade, terá de estabelecer uma interface com uma energia de aceleração além da energia geral concedida a todos neste momento.

Desbloquear códigos genéticos acelerará positivamente e removerá o carma, além de desconectá-lo dele. O carma não se fixará em você! Essa é uma boa maneira de ver o processo, e é também importante para nós. Não estamos encarnando ou nos manifestando. Para interagir com vocês, precisamos passar por testes vibratórios especiais para garantir que não atrairemos carma.

As naves estelares podem enviar energia acelerada para você. Parte do plano original das sementes estelares era que elas deveriam

---

70. O nome supremo de Deus. No hebraico, *Eh'yeh* é a primeira pessoa do singular da palavra que significa "ser" ou "Eu Sou". Este é o novo nome de Deus apresentado a Moisés em Gênesis 3:14. A presença divina é chamada por três nomes: *Elohim*, *YHVH* e *Eh'yeh*. Apenas *Eh'yeh* era novidade para Moisés.

interagir com as naves estelares para ajudar a desbloquear códigos e acelerar os campos energéticos. Se você estivesse em uma situação de "teletransporte", então sentiria uma ativação. Quando nos der consentimento, nós o guiaremos até a aceleração.

# Capítulo 23

A Ascensão e a Árvore da Vida

Nabur

Saudações, eu sou Nabur. Queremos discutir a Árvore da Vida, sua acessibilidade e expansão. Neste momento em que vivemos, posso lhe garantir que a Árvore da Vida é mais acessível do que foi durante qualquer outro período no planeta Terra. A transferência original da Árvore da Vida foi realizada e expressa por alguns seres superiores seletos. Agora, a informação e o esquema para a Árvore da Vida e o que ela representa estão sendo transmitidos por todo o planeta. Isso é um desenvolvimento positivo.

A Árvore da Vida original e sua expansão representam um conhecimento espiritual galáctico que foi transmitido por toda a galáxia e o universo. Esse é o motivo pelo qual é tão especial, porque representa a natureza multidimensional da realidade e da manifestação.

Interpretação da Árvore da Vida

A Árvore da Vida demonstra a existência de outras dimensões. Ela começa com a ideia de que a manifestação na Terra está na parte debaixo da árvore, mas a Terra só pode se manifestar pelo trabalho feito nas esferas ou nas dimensões mais elevadas. Isso significa que as realidades da Terra e da terceira dimensão baseiam-se no trabalho que ocorre em outras esferas e outras dimensões. O que você vive na Terra é apenas um aspecto da sua natureza multidimensional, e o que você vê na Terra é somente um aspecto das diferentes forças interativas e dimensionais que ocorrem. Essas forças levaram à manifestação da terceira dimensão e da Terra.

A primeira compreensão óbvia da Árvore da Vida tem a ver com dualidade. A árvore tem três colunas. A natureza da árvore tem relação com a essência das colunas da direita e da esquerda e como pode haver um equilíbrio com a coluna do meio, bem como com as energias do topo e da base das colunas. O topo, conhecido como *Kether*, ou a coroa, representa a luz indiferenciada, não manifesta que vem do Criador. É a força motriz, mas é indiferenciada, ou seja, não é utilizável nem compreendida pela mente humana.

Essa energia indiferenciada segue um caminho descendente para a manifestação. No caminho para a manifestação, a energia indiferenciada deve passar por dualidades: ela deve passar pelas colunas da direta e da esquerda e, por fim, pelo centro. O centro representa o equilíbrio. Para a manifestação ocorrer nas esferas superiores multidimensionais, o equilíbrio e a harmonia ocorrem nos níveis inferiores. Isso significa que, para a humanidade, há uma energia possível de equilíbrio perfeito, embora essa energia possa estar na esfera ou no plano superior. Portanto, você pode entender que há um equilíbrio superior apesar das polaridades, apesar dos conflitos vistos agora no planeta.

A segunda interpretação da Árvore da Vida tem a ver com sua natureza, bem como a natureza das dez esferas. Estas são todas esferas dinâmicas, campos energéticos dinâmicos que são representações da criação e do processo de criação. Portanto, nosso conhecimento desse processo aumenta à medida que a humanidade expande sua consciência. O que era desconhecido sobre a Árvore da Vida em 1400 d.C. agora é mais conhecido. Por isso dizemos que a Árvore da Vida está mais acessível do que nunca à humanidade. A árvore representa como a consciência e os seres se manifestam.

O mais importante é que essa é uma Árvore da Vida dinâmica, o que significa que há um aspecto inconstante em cada elemento. A humanidade não poderia ter conhecido essa energia indiferenciada há 600 anos. Agora a humanidade tem mais habilidade, uma energia mais elevada e mais consciência com a qual pode compreender a energia indiferenciada. Não estou dizendo que a humanidade pode entender totalmente a energia indiferenciada, mas há uma nova interpretação da Árvore da Vida a ser compreendida. A coroa, por exemplo, também pode ser entendida pelas integrações do Tao na Árvore da Vida. As novas ideias disponíveis agora relacionam-se com as uniões que ocorrem com alguns pensamentos religiosos e com algumas unidades místicas religiosas. Novas revelações místicas oferecem à humanidade uma habilidade maior de compreender a Árvore da Vida e a energia indiferenciada. Pessoas modernas podem compreender as forças e a harmonia que podem existir para equilibrar as polaridades.

A Perfeição de Deus

Outra percepção sobre a Árvore da Vida é que a base influencia o topo, assim como o topo influencia a base. Esse é um tópico confuso para algumas pessoas, porque muitos diriam que apenas as energias superiores influenciam a Terra manifestada. Como é possível a Terra manifestada influenciar as esferas superiores?

A nova interpretação da Árvore da Vida vai demonstrar que a energia não só desce do topo por todas as esferas e se manifesta, como também há um refluxo de energia. Esse refluxo tem a ver com a natureza de escalar a Árvore da Vida ou ascender por ela. Isso é muito semelhante a subir pela Escada de Jacó. A Árvore da Vida vai aproximar as pessoas dos conceitos de ascensão porque, essencialmente, a ascensão usa a energia superior para escalar a Árvore da Vida nas esferas superiores e na multidimensionalidade.

Existem proteções para que um colapso total, ou uma destruição total, na terceira dimensão, não prejudique os planos superiores, mas os planos superiores interagem com os inferiores. Para que essa interação ocorra, deve haver um intercâmbio interdimensional. Esse conceito que descrevo leva à conclusão de que *Kether*, a coroa superior, é afetada pelo que acontece nos planos inferiores. Isso parece estar em contradição com a ideia de que Deus é perfeito, porque por ser perfeito, Deus não seria afetado pelo que acontece no mundo. Porém, isso deixa passar um ponto importante – qualquer característica ou aspecto que a humanidade possa ter ou manifestar também é um aspecto da energia da divindade. Em outras palavras, Deus também pode ter esse traço, o que significa que Deus é afetado pelo que acontece com as pessoas nos planos inferiores. É uma característica de Deus, de modo que Ele é afetado, mas não diminui a perfeição de Deus. Esse é o paradoxo.

Para a verdade da Cabala se manifestar, deve ocorrer uma integração de toda a consciência superior com a terceira dimensão. Deve-se entender a natureza dessa interação entre os planos superior e inferior. A verdade é que Deus é tanto um Deus pessoal quanto uma energia indiferenciada além da compreensão da humanidade. As pessoas têm a habilidade de ser afetadas por energias elevadas e baixas. Essa é uma característica que também se incluiria no campo energético de Deus. A contradição é que Deus ainda está em um estado de perfeição, embora seja afetado por sua criação.

Por que Deus não seria afetado por sua criação? Por isso Deus envia mensageiros. Por isso Deus envia anjos. Por isso Deus envia emissários como Sananda à Terra para encorajar a união que produzirá uma evolução maior. Isso significa que a natureza da Árvore da Vida é uma expressão de como se aproximar de Deus. A pessoa não interage diretamente com Deus, mas deve seguir um padrão de emanações energéticas. Isso é o que a Árvore da Vida representa.

Energia Superior

Pode ser útil discutir o equilíbrio entre misericórdia e julgamento como outro aspecto que está representado nos dois pilares da Árvore da Vida. É notório que havia mundos antes deste nos quais reinava a misericórdia. Mas a misericórdia ficou tão desequilibrada que resultou em devastação por excesso de gentileza. Portanto, a gentileza agora é contrabalançada pelo julgamento, mas o julgamento também pode ser pesado demais. Esse novo equilíbrio está se manifestando agora no mundo.

Você sabe que, com compreensão e gentileza em excesso, certos grupos com más intenções conseguirão obter o controle de recursos e ideais planetários. Eles podem estar mal-intencionados; portanto, uma das lições atuais no planeta tem a ver com entender a natureza da gentileza ou misericórdia em contraste com o julgamento. Essa lição se manifestará em muitos outros aspectos em termos de como as pessoas vão lidar com a Terra e as mudanças no planeta.

O conhecimento oculto, conhecido em hebraico como *D'aat*, agora será manifesto porque não precisa mais estar em uma esfera oculta. Uma nova esfera, a esfera da manifestação entre a terceira e a quinta energias, está sendo baixada para a Árvore da Vida para acomodar a energia para a ascensão. Essa nova esfera fica logo acima de *Malchut* ou o Reino.

Nós queremos destacar que embora a Árvore da Vida seja o centro da Cabala, não é seu único aspecto. Há muitas teorias e ideias associadas que formam a base da Cabala e, em particular, relacionam a Cabala à energia da ascensão atual. O primeiro conceito e energia na Cabala relacionados à ascensão é a reencarnação. Muitos mestres cabalistas, professores e rabinos bem sabem que esta vida não é nossa única. Você teve várias vidas. De fato, muitos dos rabinos cabalistas, incluindo o *Baal Shem Tov*, conseguiam ler e ver nossas vidas passadas olhando nas nossas mãos, lendo as palmas ou olhando em nossas testas. A ideia básica da reencarnação se relaciona ao conceito de que, para ascender, você deve conseguir completar suas lições de vida e suas lições de alma.

Na Cabala, a ascensão foi oferecida a várias figuras bíblicas. A elevação das carruagens por Elias e a ascensão da escada etérea por Jacó são dois exemplos. Esses foram exemplos de como as pessoas conseguiram transcender o conceito de consciência desperta e ir para planos superiores. O mais impressionante e importante em todas as histórias bíblicas e antigas é a ascensão de Enoch. "Enoch caminhou com Deus; então não foi mais encontrado, pois Deus o levou" (Gênesis 5:24, *New International Version*). Isso significa que Enoch ascendeu, transformou-se e tornou-se Metatron. O ponto é que, para ascender, você precisa estar em uma energia mais elevada. Enoch já estava em uma energia mais elevada, assim como Eliahyu e Elias. Elias usou a energia da *merkava*, ou a energia etérea das carruagens, para ascender.

A Unificação dos Planos

A Cabala também oferece as direções para completar as lições de alma. O diagrama, ou esquema, para completar as lições de alma é ofertado na Árvore da Vida, onde há 22 caminhos. Esses caminhos são muitas vezes correlacionados aos arcanos maiores no Tarô. Baseiam-se no conceito da dualidade e integração da dualidade, que é uma das lições principais na Cabala. Na ascensão, a habilidade de integrar e unificar a dualidade é necessária. Um conceito fundamental na Cabala é o trabalho de unificar os planos superior e inferior. Fala-se sobre unificar a energia da terceira dimensão com a energia mais elevada como uma forma de provocar as faíscas e elevar energias mais baixas. Quando falamos sobre ascensão, falamos primeiro em elevar a energia tridimensional à energia quintidimensional.

As interpretações cabalistas das histórias tradicionais do Antigo Testamento também revelam a existência das outras dimensões. Nessas interpretações, o Jardim do Éden é, na verdade, uma descrição da quinta dimensão. A queda de Adão e Eva do Jardim é, na realidade, uma metáfora para deixar o plano quintidimensional, deixando-o para se unir ao plano da dualidade na terceira dimensão. É na dualidade da terceira dimensão que as energias devem ser reunificadas.

Desbloquear os códigos de ascensão é outro conceito cabalista importante para a ascensão. O conceito fundamental aqui é que a consciência mais elevada precisa ser desbloqueada. A consciência normal precisa transcender para que se percebam os planos superiores. Com as percepções desses planos, pode-se ascender: você tem uma noção preconcebida da existência de outros planos. Não só isso, você precisa praticar ir para esses outros planos. As lições hebraicas da Cabala referem-se a eles como *Olam Habah* ou o mundo futuro. O mundo futuro é na verdade o mundo quintidimensional. Não é o mundo astral, mas o mundo superior futuro.

Usar os códigos sagrados para desbloquear as energias de ascensão significa que você deve desbloquear sua consciência e seu campo perceptivo para que consiga perceber e direcionar sua ascensão. Esta é a chave: você percebe e direciona sua ascensão. Você nota que na Escada de Jacó, Jacó vê a escada indo para cima. Enoch sentiu uma energia em uma frequência mais elevada, e ele imediatamente desapareceu da Terra e ascendeu. Enoch representa a ascensão no total; na ascensão você parece desaparecer da Terra, mas, na verdade, se transforma no seu eu quintidimensional.

Você pode desbloquear os códigos da ascensão usando as palavras sagradas: Santo, Santo, Santo é o Senhor das Hostes. Isso também demonstra uma ideia cabalista fundamental para a ascensão. Esse conceito essencial é o poder do som hebraico e da palavra. Nesse caso, *Kadosh, Kadosh, Kadosh, Adonai Tzevaoth*, entoado com intenção e a declaração correta do poder, abrem o santuário interno na mente para destravar as chaves de ascensão. Com isso, então, a ascensão ocorrerá. Mais uma vez, vocês devem desbloquear os códigos de ascensão para ascenderem, e a chave é falar essas palavras ou sons sagrados. Um dos conceitos básicos da Cabala é que o som tem poder e energia de cura.

Na ascensão moderna, um som será entoado no início. Esse som será ouvido por aqueles que são as sementes estelares e os seres superiores. Esse som também desbloqueará os códigos de ascensão e significará o início dela. Lembre-se: haverá um som que você ouvirá na ascensão. Você pode desbloquear seus códigos pessoais por meio de sons e palavras sagradas, mas a energia de ascensão ocorrerá e será anunciada por um som sagrado que ainda não foi emitido. Ele pode ser semelhante ao som do instrumento de sopro *Shofar* (chifre de carneiro em hebraico).

A Esfera de *Tifereth*

A Árvore da Vida é holográfica. Isso quer dizer que há árvores dentro das árvores. Um aspecto de uma esfera tem todas as dez esferas nela, e então você ascende nessa esfera para que possa subir para outra. O conceito que quero apresentar agora é o centro da Árvore. Depois de você cruzar a esfera central, chamada de esfera de *Tifereth*, você pode tocar todas as outras. Esse centro é uma esfera de harmonia que costuma ser denominada a esfera de Sananda. A pessoa sobe a escada, por assim dizer, para que possa ascender.

Depois de transcender a esfera central, a esfera de *Tifereth*, você pode então chegar a um ponto em que não precisará mais retornar à terceira dimensão. Você não precisará reencarnar na Terra. Em outras palavras, na ascensão atual e ao ascender a Árvore da Vida, você chega a um ponto em que não terá de voltar à Terra, porque atingiu o mundo dimensional superior.

Este é outro conceito fundamental na Cabala: há outros mundos dimensionais superiores. Portanto, você pode chegar a um plano mais elevado. Assim que chegar a esses planos mais elevados, não há necessidade de retornar ao mundo inferior, que é a terceira dimensão. A Cabala oferece uma ferramenta poderosa para o trabalho em seu interior. Essa ferramenta de trabalho interior significa que trabalhar as esferas o ajuda a entender e completar as lições desta encarnação. Quando as lições são completadas, então você consegue ascender. Sei que pode ocorrer de você não completar todas as lições 100% nesta vida, e então temos o conceito da graça. A graça se origina na Cabala. Ela se origina na esfera da gentileza ou misericórdia. Há misericórdia quando a alma lhe oferece graça para que possa tirar vantagem dessa oportunidade de ascensão.

Cabala significa receber, e essa linda mensagem da Árvore da Vida precisa ser recebida e processada. As energias da Cabala apontam para a Árvore da Vida como um esquema não só para a ascensão pessoal, mas também para a ascensão planetária. Esses conceitos contidos nas esferas também são fundamentais para o trabalho planetário. Há códigos e instruções na Árvore da Vida pelos quais o planeta e a interação dele com seres superiores podem ser ativados para uma ascensão planetária.

* * *

Na Cabala, o mestre da ascensão, o líder principal da ascensão, é o Arcanjo Metatron. Enoch é o primeiro ser superior registrado que conseguiu ascender. Ele tornou-se Metatron, que supervisiona a ascensão de muitas pessoas. O mundo angelical coopera e trabalha para auxiliar todos vocês na ascensão.

O Arcanjo Miguel também está envolvido na ascensão e, claro, é um grande líder e professor cabalista. Os seus cordões de ligação podem ser cortados com o auxílio do Arcanjo Miguel. É difícil para todos vocês, não importa quanto trabalho de energia façam, libertar-se finalmente do mundo terrestre sozinhos, então, invoque a presença angelical. Invoque os Arcanjos Miguel e Metatron, e eles o auxiliarão em todos os níveis de sua ascensão. Eu sou Nabur.

Capítulo 24

A Árvore da Vida: Compaixão e Julgamento

Arcanjo Miguel

A palestra começa com três tons ressonantes altos e claros de um sino e então Shalooom *é entoado por David e ecoado pela congregação:* "Shalooom. Shalooom".

Saudações, sou o Arcanjo Miguel. Continuaremos nossa discussão sobre a Árvore da Vida, porque ela é o diagrama que lhe oferece certos métodos para elevar sua vibração. Esse é um método usado há séculos, mas também representa um diagrama que vem de fontes galácticas.

Há vários pontos importantes a serem entendidos sobre a Árvore da Vida como uma ferramenta para sua ascensão. Usarei o exemplo dos opostos expressos como gentileza afetuosa, de um lado, e julgamento, do outro. Sabemos que esse não é o primeiro mundo feito pelo Criador. Houve outros mundos que fracassaram. Juliano já mencionou a existência de planetas na mesma posição da Terra – ou que estiveram na mesma posição no passado – e que não sobreviveram.

Na Árvore da Vida e no modo de pensar da Cabala, se o mundo tem excesso de gentileza e compreensão também pode estar em perigo. Gosto de usar o seguinte exemplo de excesso de compaixão: entendemos que este mundo tem problemas com violência e terrorismo. Se você conseguisse capturar um terrorista, diria a ele: "Eu entendo. Sinto compaixão por você. Entendo seus sentimentos". Mas se você deixá-lo ir, ele faria a mesma coisa de novo – ele repetiria a violência.

Portanto, há situações nas quais o excesso de compaixão e entendimento não ajuda. Você pode comprender que se houvesse apenas entendimento e compaixão no mundo todo, então essa versão do mundo estaria desequilibrada, não funcionaria bem e acabaria se destruindo. Portanto, o fato é que a compaixão deve ser contrabalançada pelo julgamento, mas o julgamento em si deve ser dado com potencial.

Às Vezes a Dor Não Resulta em Ganho

Uma das histórias favoritas na Cabala é a do rei Salomão, que exemplificou a característica do julgamento. Agora, não repetirei a história inteira, mas você deve saber que duas mulheres diziam ser a mãe da mesma criança e ninguém conseguia descobrir quem estava falando a verdade. Então como um juiz, o rei Salomão disse: "Ótimo, cortarei o bebê no meio e darei metade para cada uma". Quando uma das mulheres se aproximou e disse: "Não, não, dê o bebê para ela. Não quero que a criança seja machucada", Salomão soube imediatamente que essa era a verdadeira mãe da criança, e ele entregou a ela.

Essa é uma boa história, pois ilustra que às vezes o juiz deve ser duro. Você pode perguntar: "O juiz realmente cortaria o bebê no meio?" A resposta é não, provavelmente ele não faria isso. Mas com o julgamento, vem responsabilidade e força. Isso significa que o julgamento contrabalança a compaixão, então, o julgamento é necessário para fazer o mundo funcionar.

Mas há também mundos nos quais o julgamento é duro demais, esses mundos sofrem e também podem ser destruídos. Posso lhe dizer que houve algumas culturas – no Afeganistão, por exemplo – nas quais as pessoas no comando foram bastante duras e usaram um julgamento pesado demais. Quando o julgamento é passado com muita força, então esse mundo também pode ser destruído. Portanto, isso nos diz que o julgamento também deve ser equilibrado com a compaixão. Essa é a regra nos mundos que existem por toda a galáxia.

Você e eu podemos olhar para a Terra juntos e perguntar: "O julgamento está em excesso? Há um excesso de compaixão?". Essas perguntas têm respostas muito complicadas e difíceis. Mas devemos analisar isso com honestidade. Se as pessoas estão destruindo a Terra, então a compaixão não vai ajudar. Ouça como isto poderia soar de modo estranho: "Entendo que você quer ter muito dinheiro; sei que precisa ser milionário. Você pode tirar todo o petróleo que quiser da terra. Ah, que pena que destruiu essa parte do oceano, mas entendo". Essa não é uma boa atitude a se tomar. Na Cabala, dizem que a compaixão não é necessária quando o que a pessoa faz é algo mau. Mas existe também o julgamento, e para ser o juiz deve-se ter força.

Este é o problema: quem tem a força para ser um juiz quando alguém está fazendo algo tão ruim assim? Ora, as pessoas poderiam responder: "Apenas Deus pode ser o juiz, pois não é nosso papel julgar". Mas é seu papel proteger. A Cabala e a Árvore da Vida dizem que você tem os dois traços, mas eles devem estar equilibrados. Por isso a Torá foi transmitida para as pessoas; por isso as Dez Declarações, os Dez Mandamentos, foram transmitidos. Foi para ensinar que deve haver algum julgamento, que algumas coisas devem ser julgadas. Isso faz parte da vida na terceira dimensão.

Você pode observar que houve planetas que tiveram apenas um julgamento pesado, e eles não sobreviveram. Muitos de vocês estiveram em Atlântida, e alguns sofreram. Você sabia que as pessoas no poder criaram experimentos com energia que destruiriam seu mundo. O que você deveria ter feito? Você viu que isso saiu do controle e era muito doloroso ver o fim. Você não quer ver esse mesmo fim aqui. Então lhe direi isto: você precisa ser verdadeiro consigo. Se há uma atitude a ser tomada é olhar para dentro de si.

Agora você tem o diagrama da Árvore da Vida planetária. Muitos de vocês estão agindo, participando dos trabalhos espirituais e com cristais para a Terra, mas alguns precisam decidir dar outros passos. Não sugerirei quais devem ser, mas eu e você sabemos que há muitas pessoas na Terra que são bem estúpidas. Vão olhar para os seus trabalhos espiritual e de ascensão e rir. Isso é o direito delas, porque a Terra é uma zona de livre-arbítrio. Mas elas não têm o direito de destruir este planeta. Então você pode decidir como proceder com as outras pessoas. Isso é um chamado.

Seu chamado pode ser educar os outros sobre o que acontece; pode ser ajudar uma criança – que seja uma criança violeta ou índigo. Você pode precisar defender de alguma forma um meio ambiente que seja mais fortalecido. Então seu caminho como trabalhador da luz pode incluir outro trabalho que se baseie no seu julgamento, e existem pessoas que vão estar envolvidas nos julgamentos. Juliano lhe disse que você já vê algumas das instituições responsáveis por controlar partes de sua vida agindo como criminosas. Suas ações criaram muito sofrimento. À medida que nos aproximamos de 2012, sua criminalidade vem à tona, e pessoas dizem: "Oh, confiamos nelas para cuidar dos nossos filhos; confiamos nelas para nos educar. Agora vemos que agem como criminosas". Não se recorre à compaixão nessa situação e devemos parar isso. Às vezes, você precisa ser o juiz ou apoiar aqueles que têm a força de serem juízes.

Princípios Quintidimensionais de uma Sociedade Justa

Quero explicar esta parte do campo energético de 2012. Há uma mudança na estrutura institucional da sociedade. A Árvore da Vida mostra que as energias de julgamento e compaixão também se manifestam em outra esfera abaixo. Essa outra esfera abaixo tem a ver com a Árvore da Vida planetária e com a criação de uma sociedade justa, baseada em princípios quintidimensionais. Essa esfera, essa *Sephiroth*, vai ganhar mais energia e conscientização. Ter um equilíbrio entre julgamento e compaixão vai criar a necessidade de uma sociedade mais justa com base em princípios quintidimensionais. Então, vamos pensar em como seria essa sociedade.

Você sabe que na quinta dimensão e nos planetas quintidimensionais a sociedade básica não está fundamentada nos princípios de riqueza e ganância, mas em princípios quintidimensionais superiores de cooperação, compartilhamento e distribuição de riqueza.

Baseia-se em um modo mais espiritual, não em um modo de controle de pessoas. Conhecemos a história dessa ideia, e algumas pessoas adotaram a ideia que acabei de expressar, a alteraram e a fizeram soar como outra coisa. Porém, ideias novas sobre como estabelecer uma sociedade estão entrando na consciência de todos que são trabalhadores da luz.

Haverá novos modos de pensamento que ainda não foram discutidos antes. Haverá novas ideias sobre como instituir um mundo político, como estabelecer um mundo sociologicamente e como lidar com o pensamento religioso. Essa foi uma das mais belas contribuições dos Arcturianos para a nova visão de mundo, para o novo pensamento mundial chamado de Triângulo Sagrado.

Juliano ensinou essa ideia às pessoas. Há um aspecto de todas as religiões que está interligado, que você pode chamar de "pensamento de união" ou consciência de união. Todas as religiões, quando começam e entram nessa energia mística, compartilham dessa maravilhosa visão de religião. Vocês, por serem trabalhadores da luz, conhecem isso como a Fraternidade Branca e a Irmandade Branca. Não usamos a palavra "branca" como referência à cor de pele, mas como o símbolo da pureza. Nós dizemos: "Protege-me com a luz branca; traz a luz branca para mim". Esse é um aspecto do novo pensamento de união.

O outro aspecto compartilhado por Juliano é: "Honremos o povo americano nativo do planeta, pois entendem a importância de formar um relacionamento com Gaia ou o espírito da Terra. Entendem que devemos fazer isso. Não é uma questão de *poder* fazer isso, é algo que *devemos* fazer". Juliano chama isso de biorrelatividade. O mais importante é que você deve entender que as sociedades nesta galáxia que não formarem esse relacionamento com seu planeta perecerão. Esse é um julgamento pesado, não é? Mas sabemos por nossos contatos com a fraternidade espacial que existiram outros planetas que se destruíram. Então, queremos ter uma nova consciência com base na Terra como um ser espiritual. Vemos que isso já aconteceu com os nativos americanos. Você já tem os padrões de pensamento básicos e o sistema básico em uma estrutura existente dentro deles.

Espiritualidade Galáctica

Ao analisarmos a espiritualidade galáctica, vemos que os arcanjos estão envolvidos na quinta dimensão. O núcleo básico da Cabala é entender a natureza dessa realidade e a natureza de Deus. Você pode compreender a natureza de Deus entendendo a natureza da sua criação. A criação é linda porque este é um mundo e um universo com dimensões múltiplas. Este é um universo no qual há seres extraterrestres superiores. Um universo onde almas como a sua podem passar para planos superiores.

A espiritualidade galáctica diz: "Olhe, há outras dimensões. Veja, há outros planetas. Olhe, há outros seres superiores e você não está sozinho na Terra". Não seria uma boa ideia aprender sobre as experiências deles? Não seria uma boa ideia ouvir e entrar em contato com os mestres ascensos, os seres das dimensões mais elevadas? E sim, você pode elevar-se também – pode livrar-se da dualidade e ir a uma dimensão mais elevada. Toda essa área de pensamento é chamada de espiritualidade galáctica. Juliano me pediu para que ensinássemos a integração de todos esses três conceitos.

Agora, como vocês todos estão indo em direção à dimensão mais elevada conhecida como quinta dimensão, podem trazer a energia desse nível mais elevado. Essa energia pode ser tanto a indiferenciada como a diferenciada. Isso significa que você pode trazer energia específica. Talvez seja um médico fazendo pesquisa científica e queira descobrir a cura da Aids ou da tuberculose. Esse é um assunto bem concreto. Você pode perguntar: "O que isso tem a ver com a quinta dimensão?" A quinta dimensão pode ajudá-lo, tirando-o da caixa e lhe dando uma nova perspectiva.

Eu posso dizer que Albert Einstein estava na quinta dimensão com seu trabalho. Todos sabem que ele era uma semente estelar, embora não admitisse isso. Muitos professores de Física agora entendem a nova realidade. Essa ideia de trazer a energia quintidimensional também poderia se aplicar à política, à religião e à economia, claro, bem como à gestão ambiental. Mas é revolucionária, pois mudará totalmente como sua sociedade opera na Terra.

O que todas as profecias disseram é que 2012 será um momento de mudança. Vocês todos concordam que a mudança é necessária, mas mudar todos esses sistemas em um período tão curto criaria uma revolta total. Então como isso deve acontecer? Você só verá a destruição dos sistemas? Você quase viu a destruição dos sistemas financeiros em 2008. Eles se recuperaram, mas o problema não foi resolvido de fato. O que estou sugerindo é que há economistas que são sementes estelares, e conseguem se conectar e trazer novas ideias para resolver esse problema.

Cada um de vocês tem uma missão de alma na visão da Cabala, e em todos esses cursos as pessoas perguntaram: "O que eu deveria fazer? Por que estou aqui?" Todos têm uma missão de alma diferente. Sua missão de alma pode estar na sua família: talvez você tenha um filho com uma energia fantástica e que seja brilhante, e precisa ter a certeza de que ele vai se desenvolver bem. Talvez ele vá fazer alguma importante contribuição a todos os problemas que acabamos de mencionar. Alguns de vocês podem ter profissões específicas que não consideram relevantes. Mas garanto que se você for um economista ou estiver fazendo algum tipo de gestão financeira, pode ser muito importante trabalhar de uma perspectiva mais ampla. Não tenho tempo para abordar todas as diferentes profissões, mas acho que você captou a ideia.

A Cabala Pode Ajudá-lo a Manifestar Seu Destino

Eu quero mudar para a ideia da Árvore da Vida pessoal, porque dissemos que essa Árvore pode ser usada como uma forma de criar um paradigma para a cura do planeta. Eu lhe dei um exemplo de equilíbrio entre julgamento e compaixão. Também expliquei que os dois em equilíbrio criariam uma estrutura com base em um novo sistema de mais luz. Mas vamos analisar seu desenvolvimento pessoal, porque você tem uma evolução pessoal acontecendo neste momento. Você pode ter problemas emocionais, como depressão ou ansiedade, ou talvez tenha problemas de relacionamento e está aqui para aprender lições pessoais.

Alguns de vocês, por exemplo, principalmente mulheres, tiveram vidas nas quais se sentiram controlados demais. Vocês não podiam ter liberdade espiritual, e até foram punidos de fato por expressar energia e suas visões espirituais. Então, ao pensar na ascensão, pense nela em termos de energia planetária que mencionei, mas também se lembre de pensar nela em termos de sua evolução pessoal e nas lições pelas quais precisa passar.

Usarei brevemente o paradigma da compaixão com julgamento para explicar esse processo. Aqui a Árvore da Vida é um pouquinho diferente do que a do nível planetário. Mas, ao mesmo tempo, é bem similar, então dizemos com bom humor: "similar, mas diferente". É bom ter compaixão por si, mas sabemos que às vezes os indivíduos são seus maiores inimigos. Sabemos que muitas pessoas se criticam demais: "Você não é bom o bastante. Não fez aquilo direito. Não merece isso". Ora, isso é autocrítica. Você se lembra de quando falei sobre o planeta e disse que se houver um julgamento muito pesado o planeta será destruído? Se você se criticar demais, se for duro demais consigo mesmo, então pode se destruir também.

Alguns de vocês podem ter pensamentos de autocrítica, achando que não merecem ascender. Isso é um julgamento pesado contra si, então devemos trabalhar na Cabala. Como uma ferramenta para ascensão, a Árvore da Vida pode ajudar, ensinando-o que a autocrítica pesada deve ser equilibrada com compaixão. Então, você precisa dizer e agir diferente se for crítico demais. Quando você equilibra essa parte de si, conseguirá manifestar seu destino.

A Cabala ensina que cada um tem um destino no que diz respeito ao planeta. Esse aspecto da Cabala é novo, porque na antiga Cabala não se falava do planeta. Na Cabala galáctica, falamos sobre sua missão para o planeta e também sobre a missão de serviço: a partir disso, você tem a missão do que deveria aprender como pessoa. Essa missão tem a ver, por exemplo, com o motivo de você ter nascido na Espanha e não na Índia. Há muitos aspectos específicos na sua missão, que é chamada de seu *Mossel,* seu destino.

Como Trazer a Luz Superior para a Terceira Dimensão

O que você precisa entender é que tanto a Cabala quanto a Árvore da Vida representam as esferas de energia que devem ser equilibradas e ativadas. Com isso, você traz a energia mais elevada possível para a terceira dimensão para que possa manifestar, influenciar e trazer essa energia mais elevada. Chamamos a base de terceira dimensão. Em hebraico se chama *Malkuth*, que significa o "Reino".

Que você possa ter a energia e o poder para ativar todos os aspectos da Árvore da Vida dentro de si! Só então você pode cumprir totalmente seu propósito de alma e trazer essa energia para a Terra. Terminaremos esta palestra entoando uma palavra com a qual vocês estão bem familiarizados e que também tem uma alta vibração espiritual. Assim que ouvir a palavra, vocês a reconhecerão. Vou entoá-la uma vez, duas e na terceira vez, nós a entoaremos juntos. Isso marcará o fim do nosso tempo juntos por ora. Fará tudo que eu disse penetrar nas partes mais profundas do seu ser para que possa aprender imediatamente tudo que precisa dessas palavras.

[Entoa sozinho] *Ahh-men. Ahh-men.*
[Entoam juntos] *Ahh-men.*
Eu sou o Arcanjo Miguel. Bom dia.

GLOSSÁRIO

2012, Acesso para

Um túnel ou acesso para a data futura de 2012, quando a transformação da Terra estará em seu auge. Projetando energia positiva e imagens nessa data, pode-se ajudar a aumentar ao máximo os resultados positivos nesse momento.

2012, Alinhamento

O momento em que a Terra se alinhará com o centro da galáxia da Via Láctea. Isso também é mencionado no calendário maia e profecias foram feitas para essa data. Os maias acreditavam que a Terra se alinharia com o centro da galáxia em 21 de dezembro de 2012. Alguns interpretaram as declarações maias como o marco do fim do mundo. Outros dizem que esse alinhamento representa a transformação do mundo. Segundo essa visão, nosso mundo nascerá de novo em 21 de dezembro de 2012. Em *Maya Cosmogenesis 2012*, John Major Jenkins interpretou a visão maia desse alinhamento em 2012 como uma união da Mãe Cósmica, ou a Via Láctea, com o Pai, representado pelo Sol do solstício de dezembro.

Adão Kadmon

Termo hebraico para o homem primordial ou primeiro. É o protótipo para o primeiro ser a surgir depois do início da criação.

Adonai

Nome hebraico de Deus, traduzido como "meu Senhor".

Adonai Tzeva'oth

"Senhor das Hostes" em hebraico.

Adon Olam

"Senhor do Universo" em hebraico.

Ain Sof

Na Cabala, o termo *Ain Sof* significa "aquele sem fim". Às vezes é comparado com o grande Tao. *Ain Sof* é a perfeição absoluta na qual não há distinções nem diferenciações. Não se revela de um modo que possibilite o conhecimento de sua natureza.

Amidah

Uma famosa oração hebraica recitada em silêncio durante as orações diárias.

Arcanjo

O termo se aplica em geral a todos os anjos acima do grau de anjo. Designa também a ordem mais elevada de anjos na hierarquia celestial. A Cabala cita dez arcanjos. Eles são considerados mensageiros carregando decretos divinos.

Árvore da Vida

A Árvore da Vida é um projeto galáctico para a criação desta realidade. Ela inclui dez códigos de energia colocados em esferas no formato de uma árvore. Esses códigos são usados para as curas individual e planetária. As três espiritualidades do Triângulo Sagrado estão incluídas na Árvore da Vida. Ela não é plana, mas multidimensional e holográfica. A Árvore da Vida tem atalhos para a manifestação encontrados em suas 22 linhas. Ela se conecta com a energia do cosmos. [Veja Notas sobre a Árvore da Vida].

Ascensão

Um ponto de transformação atingido pela integração dos eus físico, emocional, mental e espiritual. Com a unificação dos corpos, podemos transcender os limites da terceira dimensão e passar para uma esfera mais elevada. Foi comparado com o chamado "Arrebatamento" de algumas denominações da teologia cristã. Também foi definido como uma aceleração espiritual da consciência, com a qual a alma pode retornar às esferas mais elevadas e, assim, se libertar do ciclo de carma e renascimento.

Ashtar
O comandante de um grupo de seres espirituais dedicados a ajudar a ascensão da Terra. Os seres que Ashtar supervisiona existem originalmente na quinta dimensão e vêm de muitas civilizações extraterrestres diferentes.

Atah
Palavra em hebraico para "tu". É usada na prece para se referir ao Criador.

Atah Gibur Adonai
"Tu és grande, Adonai!" em hebraico.

Aur
"Luz" em hebraico. Também é escrito como *Or*.

Aur Ha Kodesh
"Luz sagrada" em hebraico.

Aur Ha Moshiach
"Luz do Messias" em hebraico.

Baruch
"Bendito" em hebraico, usado muitas vezes em referência ao Criador.

Baruch Hu
Transliteração em hebraico de "Bendito sejas Tu", referindo-se ao Criador.

B'nai Elohim
Os filhos da luz. A palavras hebraicas para os "filhos, ou irmandade, de Eloim".

Cabala

O principal ramo do misticismo judaico. A palavra hebraica *Kaballah* é traduzida como "receber".

Chacras

Centros de energia do corpo humano. Esses centros proporcionam a integração e a transferência de energia entre os sistemas espiritual, mental, emocional e biológico do corpo.

Chashmal

Um termo hebraico misterioso mencionado na visão de Ezequiel. Refere-se ao estado mental pelo qual uma pessoa passa quando ascende do nível de fala para um de silêncio mental e sensibilidade puros.

Corpo de luz

O corpo espiritual etéreo superior que é conectado com a energia de alma mais elevada.

Eh'yeh Asher Eh'yeh

Em hebraico, o nome de Deus dado a Moisés na sarça ardente em Gênesis 3:14. *Ehiyeh Asher Ehiyeh* é o nome completo traduzido como "Eu serei aquele que serei" (também traduzido como "Eu Sou o que Eu Sou"). Em hebraico, também é conhecido como o nome supremo de Deus. A tradução correta do hebraico é "Eu serei o que serei".

Elohim

Em hebraico, o nome que descreve o Criador no primeiro capítulo do Gênesis.

Etz-Ha-Chayim

"Árvore da Vida" em hebraico.

Fraternidade Branca

A Fraternidade Branca é uma hierarquia espiritual de mestres ascensos residindo na quinta dimensão. A palavra "branca" não é usada aqui como um termo racial. Refere-se à luz branca, ou frequência superior, que esses mestres alcançaram.

Gadol
"Grande" em hebraico. Usa-se também como um adjetivo para descrever Deus.

Gurhan
Entidade espiritual da galáxia de Andrômeda na sétima dimensão.

Hu
"Ele" em hebraico. Nas orações, pode-se referir ao Criador.

Ibbur
Palavra hebraica que descreve a entrada de outra alma em um homem.

Kadosh
"Santo" em hebraico.

Kadosh, Kadosh, Kadosh Adonai Tzevaoth
"Santo, Santo, Santo é o Senhor das Hostes" em hebraico. Essa é uma expressão poderosa que, quando pronunciada, pode elevar o nível de consciência para novas extensões e auxiliar a destravar os códigos para nossa transformação na quinta dimensão.

K'dushah
Oração hebraica, traduzida como "Santificação".

Kuan Yin
Membro feminino da Hierarquia Espiritual. Em sua encarnação asiática prévia, ela realizou muitos atos de bondade e compaixão, e é conhecida como a Deusa da Misericórdia.

Maggidim
Palavra em hebraico para os espíritos divinos que falam com um cabalista.

Meek
Palavra hebraica para "rei". É usada nas orações para se referir a Deus.

Merkava
Em hebraico este termo significa "carruagem" e, na espiritualidade moderna, refere-se a uma carruagem em forma etérea que é usada

para levar os buscadores espirituais às dimensões mais elevadas. Pode ser escrita como *merkaba* e *merkabah*. Na Cabala, é o termo que significa carruagem-trono, referindo-se à carruagem da visão de Ezequiel. Também é usada para descrever um ramo na Cabala chamado "misticismo *merkava*".

Metatron

A tradição associa Metatron com Enoque, que "caminhou com Deus" (Gênesis 5:22), ascendeu aos céus e foi transformado de ser humano em anjo. Seu nome foi definido como o Anjo da Presença ou como aquele que ocupa o trono ao lado do trono divino. Outra interpretação de seu nome baseia-se na palavra latina *metator*, que significa guia ou avaliador. No mundo da mística judaica, Metatron ocupou a posição mais elevada entre os anjos. De acordo com os Arcturianos, Metatron é associado com o portal estelar e auxilia as almas na ascensão aos mundos mais elevados.

Metatrona-Shekhinah

Esses são dois nomes para a presença divina. É o aspecto da energia da Deusa que está presente na Terra.

Miguel

O nome desse ser é na verdade uma pergunta que significa: "Quem é como Deus?" Ele é talvez o mais conhecido dos arcanjos, e é reconhecido por todas as três tradições sacras ocidentais. Foi chamado de Príncipe da Luz e travou uma guerra contra os filhos das trevas. Nesse papel, ele é retratado muitas vezes como um ser alado, com a espada desembainhada – o guerreiro de Deus e assassino do dragão. Seu papel na ascensão concentra-se em nos ajudar a cortar as amarras que nos ligam ao plano terrestre, o que nos possibilita a elevação a uma consciência superior. Na Cabala, ele é considerado o arauto da *Shekhinah*, a Mãe divina.

Mônada

A força criativa original e elementar.

Nabur
Um rabino cabalista e professor do autor em uma vida anterior.

Nefesh
Palavra hebraica para "alma animal" ou "alma inferior", representando toda a variedade de instintos. *Nefesh* é a energia vital crua necessária para viver neste planeta.

Neshamah
Palavra hebraica para a porção espiritual da alma ou eu superior. É o poder intuitivo que conecta a humanidade com o Criador, a mais elevada das três partes da alma que transcende a realidade tridimensional e o ego da Terra para se unir diretamente à luz divina.

Plano Astral
O nível não físico de realidade, considerado o local para onde vão os seres humanos quando falecem.

Portal Estelar
Um portal multidimensional para outras esferas superiores. O portal arcturiano é bem próximo do sistema estelar Arcturus, e é supervisionado pelos Arcturianos. Esse ponto de passagem poderoso exige que os terráqueos que desejem passar por ele completem todas as lições e encarnações terrenas associadas com a experiência tridimensional. Ele serve como um portal para a quinta dimensão. Novas tarefas para a alma são passadas lá, e as almas então podem ser enviadas para muitas esferas superiores diferentes por toda a galáxia e universo.

Rabino Hayyim Vital
Rabino cabalista que viveu de 1543 a 1620 em Safed, Palestina.

Rafael
Rafael é talvez o mais afetuoso de todos os anjos – e aquele muitas vezes retratado na arte ocidental. Seu nome significa "Deus curou". Sua carreira parece focar missões médicas e ele ajuda as pessoas a curar doenças humanas. Foi o anjo enviado por Deus para curar Jacó do ferimento em sua coxa quando ele lutou com seu adversário mais

sombrio. Ele também é considerado guardião da Árvore da Vida no Jardim do Éden.

Ruach Ha Kodesh

Palavras hebraicas usadas para descrever o estado de iluminação, traduzidas literalmente como "Espírito Santo".

Sananda

É aquele conhecido por nós como Mestre Jesus. Ele é considerado um dos maiores cabalistas de todos os tempos. Seu nome galáctico, Sananda, representa uma imagem evoluída e galáctica de quem ele é como um todo. Na Cabala, Sananda é conhecido como *Joshua ben Miriam of Nazareth*, ou seja, Joshua, filho de Maria de Nazaré.

Shabbat

É o Sabá judaico, na sexta-feira. Os cabalistas acreditam que a *Shekhinah* vem no *Shabbat* para estar com o homem e ajudar a tornar esse dia sagrado.

Shekhinah

"A Mãe divina" em hebraico. *Shekhinah* é o termo talmúdico frequentemente usado denotando a manifestação visível e audível da presença de Deus na Terra. Em seu conceito fundamental, representa uma entidade feminina independente, a Mãe divina.

Sementes estelares

Seres terrestres por toda a nossa era moderna atual que têm vidas anteriores em outras partes da nossa galáxia. Também têm uma grande noção de que há outros seres vivendo em nossa galáxia e no universo.

Tikkun

Em hebraico, esse termo significa "restauração" ou a "restauração divina do cosmos". Na Cabala, isso se refere ao conceito de que o receptáculo com a luz do Criador foi quebrado e é uma tarefa dos seres humanos ajudar a restaurá-lo.

Vywamus

Psicólogo da alma da quinta dimensão, famoso por seu conhecimento da psicologia dos problemas terrenos e pela resolução de questões relacionadas às sementes estelares encarnadas na Terra.

Yihudim

Palavra hebraica para "unificações". Os cabalistas acreditam que os seres humanos ajudam a unificar os dois aspectos da divindade pela prece. É importante enunciar uma frase simples antes de recitar uma prece, no sentido em que a intenção da pessoa seja realizar a união de Deus e *Shekhinah*.

Zaddiq

"Homem sábio" em hebraico.

Zelem

"Corpo etéreo do homem" em hebraico, que serve como um intermediário entre seu corpo material e sua alma.

Zohar

O Livro do Esplendor, um guia ao cabalismo escrito por um místico espanhol do século XIII.

Notas sobre a Pronúncia Hebraica

Não pretendo fazer um guia completo de pronúncia do hebraico – moderno ou antigo, clássico ou rabínico. Como a maioria dos idiomas, o hebraico passou por muitas mudanças regionais e temporais em sua estrutura e pronúncia.

O principal propósito deste guia é auxiliar o leitor na produção de sons verbais que ressoem com suas respectivas energias. Uma pesquisa completa de todos os sons possíveis exprimíveis na linguagem hebraica está além da alçada deste livro.

A maioria dos sons consonantais é muito próxima a como eles foram representados neste texto. Há alguns sons, listados a seguir, que não são familiares àqueles que não falam hebraico.

- *q*: usado no lugar do "k" para indicar um som semelhante, mas mais para trás no palato, com os lábios mais arredondados.
- *z*: som bem parecido com o "ts", como no "*its*" do inglês, com talvez menos ênfase no som do "t".
- *ch*: gutural, como no alemão "Bach".
- *sh*: como em "*she*" no inglês.
- *r*: não é nada equivalente ao "*r*" inglês, mas sim mais parecido com o "*r*" em francês – pronunciado mais para o fundo do palato e rolado para frente.

Nota sobre as consonantes duplas *kk, dd, bb* e assim por diante: elas devem ser pronunciadas totalmente, mas com suavidade. Portanto, *zaddiq* é "*zad-diq*" e *tikkum* é "*tik-kun*", sem pausa perceptível entre as consoantes duplas, mas cada uma é pronunciada.

No caso das vogais, a pronúncia a seguir serve como um guia. Há alguns tópicos mais controversos no estudo das línguas antigas do que a pronúncia das vogais, especialmente em uma língua antiga viva como o hebraico, que foi historicamente escrito sem vogais.

- *A:* como em "*father*".
- *E:* aproximadamente entre "*eh*" e "*ay*".
- *I:* como em "*ink*" no inglês.
- *O:* como em "*over*".
- *U:* aproximadamente entre "*under*" e "*super*", mas tendendo a um som mais longo.
- *AI:* como em "*eye*".
- *AU:* aproximadamente entre "*auger*" e "*aura*".
- *AH:* em geral no fim de uma palavra, tem um som semelhante ao "a", como o "a" de "*father*", mas prolongado e levemente aspirado – pense como o inglês "*ah*".

NOTAS SOBRE A ÁRVORE DA VIDA

A Árvore da Vida (*Etz ha Chayim* em hebraico) é mencionada com parcimônia neste texto, mas como alguns leitores podem não conhecer, seguem um diagrama e uma breve explicação. Há muitas outras fontes de informação sobre a Árvore da Vida e sua cosmologia, e os leitores podem-se direcionar a essas fontes caso se interessem por esse conceito.

A Árvore da Vida é um mapa cosmológico, ou estrutura, para a criação, usada pelos cabalistas para auxiliar na compreensão dos relacionamentos de todas as coisas no universo. É composta de dez *Sephiroth* (esferas) conectadas por 22 caminhos e representa uma espécie de estrutura para descrever a hierarquia da existência, desde a luz ilimitada de *ain soph aur* descendo até a matéria fundamental da criação.

As primeiras três *sephiroth* são a tríade celeste. Formam o nível às vezes denominado coletivamente de *neshemah*, o nível mais elevado da alma, da consciência ascensionada e do eu.

- *Kether* é a *sephira* mais próxima de Deus. Essa *sephira* é a aspiração do gnóstico, buscando união com o divino. O nome significa "coroa".

- *Chokmah* é o movimento primordial na existência, a centelha inicial. O nome significa "sabedoria".
- *Binah* é a dualidade primordial, aquela que recebe e atua pelas forças de *Chokmah*. O nome significa "compreensão".

As próximas seis *sephiroth* são a parte da criação denominada às vezes como o *ruach*, contendo os poderes do intelecto e da consciência.

- *Chesed* é a graça amorosa de Deus, a energia necessária para sustentar a criação. O nome significa "misericórdia".
- *Geburah* é a força para tolerar, o poder de julgamento e a declaração de intenção. O nome significa "severidade".
- *Tiphareth* é a consciência de Cristo, a compaixão equilibrada expressa como o equilíbrio entre *Chesed* e *Geburah*. O nome significa "beleza".
- *Netzach* é iniciativa, força de vontade e superação. O nome significa "vitória".
- *Hod* é fé, rendição e deixar ir. O nome significa "glória".
- *Yesod* é recordação, conexão subconsciente e consciência etérea. O nome significa "fundação".

A seguir, *Yesod* é o nível referido como a *nefesh*, contendo a esfera física, desejos e paixões, e a alma animal:

- *Malkuth* é a realização, a criação, o material. O nome significa "Reino".

Essas são descrições não somente breves como também incompletas, e recomenda-se ao leitor buscar mais estudo. As *sephiroth* têm todas muitas qualidades diferentes e os caminhos que as conectam podem ser ferramentas poderosas ao aspirante espiritual.

Notas sobre a Árvore da Vida

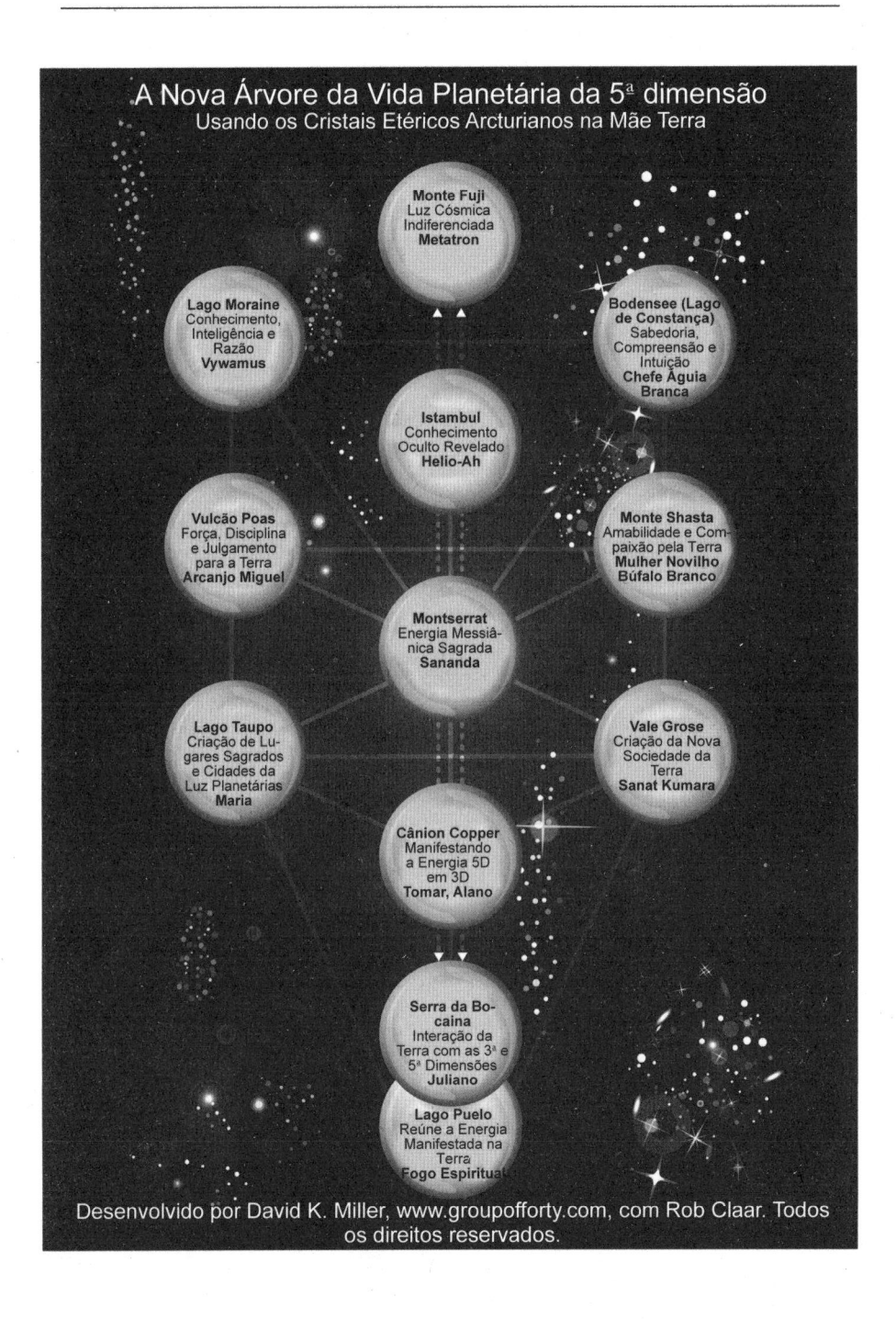

A Nova Árvore da Vida Planetária da 5ª dimensão
Usando os Cristais Etéricos Arcturianos na Mãe Terra

Monte Fuji
Luz Cósmica Indiferenciada
Metatron

Lago Moraine
Conhecimento, Inteligência e Razão
Vywamus

Bodensee (Lago de Constança)
Sabedoria, Compreensão e Intuição
Chefe Águia Branca

Istambul
Conhecimento Oculto Revelado
Helio-Ah

Vulcão Poas
Força, Disciplina e Julgamento para a Terra
Arcanjo Miguel

Monte Shasta
Amabilidade e Compaixão pela Terra
Mulher Novilho Búfalo Branco

Montserrat
Energia Messiânica Sagrada
Sananda

Lago Taupo
Criação de Lugares Sagrados e Cidades da Luz Planetárias
Maria

Vale Grose
Criação da Nova Sociedade da Terra
Sanat Kumara

Cânion Copper
Manifestando a Energia 5D em 3D
Tomar, Alano

Serra da Bocaina
Interação da Terra com as 3ª e 5ª Dimensões
Juliano

Lago Puelo
Reúne a Energia Manifestada na Terra
Fogo Espiritual

Desenvolvido por David K. Miller, www.groupofforty.com, com Rob Claar. Todos os direitos reservados.

MADRAS® Editora

Para mais informações sobre a Madras Editora,
sua história no mercado editorial
e seu catálogo de títulos publicados:

Entre e cadastre-se no site:

www.madras.com.br

Para mensagens, parcerias, sugestões e dúvidas, mande-nos um e-mail:

marketing@madras.com.br

SAIBA MAIS

Saiba mais sobre nossos lançamentos,
autores e eventos seguindo-nos no facebook e twitter:

@madrased

/madraseditora